诗想者书系

老拍的言说

黄斌 ◎ 著

长江出版传媒 | 长江文艺出版社

1

怎样理解一个人命定的孤独？

2

她是光，我是被照亮的部分。

3

多少年了，一个人习惯用生命吐出语言像蚕吐出丝；有一天他厌倦了，不再言语，可是，那时他意识到自己已经成为一个软体动物，他除了如蚕吐丝的功能，已一无所有。

4

没有体温的生活。

5

我看见很多植物，都摆出向阳的姿态，像一种爱情，然而也残酷如一种政治。

6

资本是最大的性冲动。

7

是水，产生了思想。但文字却一直是最硬的通货，它从不失效，它的购买力大到可以买下未来甚至永恒。

8

一年将过，明年，我的牙齿会继续在冬天打着冷战。

9

空巢，这个被弃物总是让我感动，是谁遗弃它的并不重要了，总之，空巢留在了它应该留的地方，因为它是巢，必须守着巢的本分；纵然空了，但是它见证了过去的时间和事件，留住了以前。空巢从实用的巢中超脱了出来，成为一件真实生活的艺术品，由真而入美了。我由此知道美是具体实在的，较之人文之美，我更喜欢这种造化之美。

10

真理不是你的亲戚，不会毫无理由地站在你一边。只是我们太多人都一厢情愿地认为，真理离自己最近，这很可笑。而我这样说，是不是也陷入了同样的陷阱呢？任何发现，都带有一种沾沾自喜的情绪，都有排他性，有贬损陈见的感觉；比如，当我这样说了别人从未发现的东西，自喜之外，更有一种控制感。这很无奈——发现总是天然地容易获得权力。因此，我得在这个层面上反思一种人文态度：发现是可贵的，但是得限制任何有价值的发现的被滥用，这不是中庸，而是汲取已有的一些教训。

11

与其说巴门尼德发现了世界的始基——存在，不如说他发现的是人类的思想自身——这个真实的一。

12

只有到现在，人们才发现绝对的客观性是一种梦想或者神话。我能客观地理解历史和现实吗？不可能的。现实中我连一个女人也理解不了。我所认识的，只是一些浮现在我观念上的图像，这些图像，只有客观可能性，而绝不是客观本身。如此理解科学也一样，我们只有通过中介才能和对象沟通，我们发现的所谓规律，终究如柏拉图所谓，只不过是一种 COPY，发现的，只是一种——像，或内心之象。

13

明天明天，请不要再给我明天的诱饵。

14

我过多地关注审美了吗？为什么对审美有了一种罪感？中国人是很少有罪感的，除了道德伦常之罪。我应该算是典型的中国人了，并且是有点保守的那种中国人。我不知道因为什么而成了一个爱美的盲人，除了美，好像目无所视，也因为美，而忽略了日常应该承担的东西，并因之而受着一种伦常式的折磨，而且宿命般地想把这折磨也变成美。

这是审美的原罪吗？

因为坚持审美的纯洁性，可能不知不觉会侵犯伦理的纯洁性，这种紧张消除不了，是个问题。但是，在康德哲学中，自由是道德的基础，是纯粹理性和实践理性相融的前提，那这种紧张是什么呢？也许只有一种可能，所谓的纯洁的伦理，其本身只是不道德。

15

距离不仅产生美，也产生疼痛和更多。这是空间本身的宿命。

16

在我看来，任何知道，都是一种解放；每一个知道，都开放了一个可能性的空间。

17

只要有社会形态存在，社会中的个人都可能因思想获罪。因为对于社会而言，不受约束的个人思想对社会都是一种威胁。迄今为止，我们只是说到过理想中的社会；或许现实中存在着相对风险较低的社会。

18

一整个冬天的雪花都可以向我展示它们美的秘密，但是我或许得这样说，我如要理解冬天，还是得从一朵雪花的形状开始。

19

夜晚人造的灯光是为了什么？白色的光照亮了夜，彩色的光照亮欲望，也许还有内心。

20

哪一种嗓音让我不能忘怀？
有一种声音让你听到内心的音节！

21

关于幸福，我能知道些什么呢？

首先，我感到的是一种传承。在我并未理解这两个字的意义的时候，我先就认识了它们，这是在小学的时候老师教的。老师说，你们生在新中国，长在红旗下，是无比"幸福"的。

从个人接受的角度，这是在认字的层面认识了幸福。

另外，我的体验是，我曾经偷窥过它。

自把"幸福"当两个字认了，因为无法体验，也无法直观，也就无从用心。本已感觉忘得差不多了，直到上初中以后，一个偶然的夜晚，我的一个新婚的亲戚，他是个很普通的工人，因家庭矛盾，找我父亲诉苦，他说了不少，大致是因经常很晚下班，回家时老婆没有好脸色。我清晰地记得他说：我又不是不知道什么是幸福。

这句话我一直觉得非常有力。他很自信地说出了他的理解，从而也刺激了我，让我突然记忆起这两个字，并在某种程度上像是观看到了它。

但是，我的个人经历无法让我体验到如此虚幻的两个字，不知不觉中，我不仅忘掉了它们，也把它们作为无效语言清除出了我的个人意识。

我不知道是不是无法体验的词语在个人意识中就是无效的；或者任何词语只有在不被怀疑的前提下才是真实有效的；或者可以被体验的。

谁可以带着我去指认出幸福？

现在，我更愿意相信幸福是存在的，也是可以被真实体验到的。但对于我，还只是一种相信。在这相信之中，我想象的幸福是纯粹的，不容分析的，它更多是一种情感体验的传承，问题是你得接受它。

这可能就是个人生命背后的文化历史——在汉语之中，享受汉语提供的幸福。

22

我一直在渴望激情，但更让我渴望的是理解激情的限度。

23

我错过了一场十年未遇的春雪。

但当中午醒来，我欣慰地看到，是春雪覆盖着我昨夜的睡眠。

24

我所要的，是"生活"还是"生活本身"？

事实经常是，我明明是更想要生活的，却限入生活本身的迷妄。

可能我的意思只是：我只想真实地生活在每一时、每一地，却经常在某一时、某一地不生活；我不在场。生活在别处。

我现在知道，好的生活就是你总只在这里生活。

"生活本身"有如理想，而理想很容易沦为暴力。理想从来就是巨大的否定力量。

生活是粗陋的，生活本身是精致的。

人到中年，我从形式美的"生活本身"中脱身而出，回到笨拙的、经常被掠过的"生活"。

25

这些天来，我似乎第一次发现了武汉的蓝天和白云，一种很久没有体验过的喜悦传遍全身。它们不仅唤醒了我的身体，还唤醒了我真实生存的感觉。

蓝天的蓝色如此纯粹，白云的姿态如此闲静，自然就这样在恰当的时候给个人以馈赠。

这时我可以说我体验到了幸福，而对其他的事情说不。

26

我试图回到常识，并体会常识所认同的美。但常识是流变的，不断被意识形态、传媒和社群所改造的，所以我只能相对有选择地回到它。

常识是外在的吗？为什么我有所试图呢？有人彻底超越常识，有人彻底依赖常识，但常识又都是被选择的，切己的。春花秋月一定是常识，"行到水穷处，坐看云起时"可能不是常识，也可能是，于是，我试图回到常识只好改成——我试图回到我自以为是的常识了。

常识美其所美，我美我所美。如果我这样说，常识就是外在的，可辨析的了。但是，这样我和常识之间又一定有个中介，这是很可疑的。

所以，我可以试图这样说，我和常识，我们只好继续纠缠和溶浸，我们互文，我们也美得互文。

27

世间最感人的事物是植物。只有植物，用尽一生站在那里。

28

没有蝉声，夏天就应是寂寞的了。
没有蝉声，夏天就不像夏天。

在蝉声中，我可以感觉到夏天的热如针扎进皮肤，好像就是蝉声和阳光一起在进入身体。
我看到一只蝉在歌唱，唱出了夏天的美声。
我看到它在树枝上鼓动肚腹，这鼓动像是为了驱赶阴凉。
我觉得蝉声就是夏天的云，那是蝉鼓动的肚腹在天空的倒影。

29

这些天来，我沉浸在植物的情感之中，等待一只从庄子那里飞来的蝴蝶。

30

对于像我这种在 1970 年代的话语背景中成长起来的人来说，"解放"这两个字，有如李泽厚所谓的积淀，被作为无可怀疑的前提接受了下来。

解放不仅是喜悦，甚至是狂欢。
我记得那些扯在树枝或者电线杆之间的电影屏幕上，正在夜幕下放映的故事片中，每当老百姓陷入生命之危，就有一支部队仿佛从天而降，有时是骑兵，有时是冲锋号响过之后突然涌出的一群武装，使百姓获得解救。这个时刻是我们最快乐的时刻，露天电影场中真实地响起了"雷鸣般的掌声"。

我还依稀记得，电影里有主人公说到"解放"二字时，眼中流露出的无限憧憬和向往。

解放是相对于束缚而言的，最少它假定了束缚的存在。

问题是：谁解放谁，解放什么，为什么要被解放？

不仅是我，我和我的同辈人都被告知，解放前是黑暗的。我甚至有一段时间一想到"解放前"这三个字，头脑中会自然出现暗无天日的印象。这个印象是被我一个同学唤醒的，他在一首回故乡的诗中写道——我相信三十年前的阳光和今天一样灿烂。我读后颇为震惊，在我不自觉的想象中，三十年前的阳光当然是黑白的了，但这有悖于我的常识，这句诗使我第一次想象到以前那些消逝的灿烂阳光。

这让我在后来读到胡风解放后的那首名诗《时间开始了》时，嘴角不自觉露出一丝笑纹。博尔赫斯有关秦长城的一段文字中也写到过，始皇帝筑城的意思就是为了让臣民知道时间是从他开始的，帝国的空间就是天下，整个天下就只在长城之内；而时间，在始皇帝的城内开始。

31

个人是可能的吗？

孔子不怎么谈个人，是他的高明之处，但他也不是完全不谈个人，如，十室之邑，必有忠信如丘者焉，不如丘之好学也！始吾于人也，听其言而信其行；今吾于人也，听其言而观其行。夫子自道的地方不少。在他的视野中，客观外在的是君臣父子兄弟夫妇这个社会架构，架构内有仁人志士圣人大人学者等，另外还有一个二项对立，君子与小人。如，君子成人之美，不成人之恶；小人反是；君子喻于义，小人喻于利等。

知者乐水，仁者乐山。这是个生活的人文世界。

此岸世界之外，孔子也没有否定彼岸世界，只是不说，子不语怪力乱神；祭如在，祭神如神在，对不可知的彼岸保持敬畏。

孔子没有谈一般的个人，人者，仁也，有如生物学上的细胞分裂，他对形上学保持沉默。

孟子的"吾善养吾浩然之气"，似乎出现了个人，但这只是一小部分人，而不是一般的个人，可以称为儒者的个人或者精英主义，并因此点推动，形成了儒者介入社会的强势。

苏格拉底要求"认识你自己"，他四处向人们表白自己的无知，有如庄子说的——以其知之所知以养其知之所不知——我知道我不知道。在苏格拉底那里，有了对纯粹个体的认知诉求。

一般认为，西方的个人是从笛卡尔的我思开始的，但这个理性的我思的基石早已被撼动。

从认识你自己——我思故我在——没有你自己，这是西方个人的路线图。

也许这样发问即是错的，这种提问方式即是西方理性主义启蒙的分泌物，需要警惕。

我想到庄子，庄子是一种退，也是一种进。

庄子有至人、圣人、真人、神人等，这些人无用于孔子的社会架构成为弃材并因此得以保全，因非社会而得以成己，无己而成己，在直观的形态上，庄子的个人最少是最像个人的个人。

但正因为庄子说得太玄，近乎拉康所谓的"不可能的真"，在被沦为一种社会之用的时候，一不小心就滑入了道教和房中术，实令人唏嘘不已。

32

我经常沉溺在夜的底部，夜已经不能再深。

这时我是满足的，只要我抬起目光，虽然经常目无所见，但没有什么不成为可能。

33

秋虫唧唧。

一切生命，皆有吟唱，哪怕是沉默的。

只有生命才能互相响应，静默和运动都因共享生活世界而意识自身，呈现自身，表达自身。

34

我知道今夜，这个世界上的任何一个夜晚都像今夜。

今夜这个世界上有很多人，男人和女人，他们不需要财富，也不需要荣誉，只需要一文不名的自己、赤裸的自己。

35

在夜间生活久了，来到白天，我看见手上长满了阳光的刺，到处都长满了阳光的刺。

36

简约是一种大美，我相信世界和人都是依据这个原则来建构的。

简约，就是没有多余。作为美，它是抽象的，也很难被人所体验。当它溶浸在日常生活之中，因人的劳作而呈现的时刻，它不仅得以实现，也进入人心。

37

很多人都有这个说法，人在青年时不是左派不正常，到了中年以后还是左派更不正常。

左派是激进的，因而很容易形成暴力。左派总是显得比右派更正确，但为善几何？左派经常以善的名义作恶，并且作恶不休。

左派幼稚的地方就是：他们在作恶的时候都表现为和真理站在一

起，他们是真诚的。

左派就像一个喜欢惹是生非的右派的儿子。

38

有一次和朋友聊天，我说，关心天下的人太多了。

他说，是吗？我怎么没见几个。

我说，怎么我满眼都是？

39

年轻人稍有所学，亟思放眼天下，改造社会，这是中国士人的传统。指点江山，激扬文字；学成文武艺，售与帝王家，我现在除了能在审美的层面欣赏青春之美外，好像不能多说什么。

我们为什么不能把自己当成目的呢？为什么总习惯把自己外化为改造江山社稷的手段呢？

为什么我们不能把活出自己来当成个人的最高目的和生命的最高价值呢？

在中国，年轻人是得罪不起的，俗话说欺老不欺少，而且中国秀才之厉害也是有传统的。

青春当然是美的，但是，青春也是急于外化自己的，青春是股盲目的力量，有如峡江激流，有撼山之力，建设性和破坏性并存于一身。

我现在还算一个青年，可是，生命力却衰微了，感觉自己不能随着那股激流前行了，我想停下来，在激流之中，也在自己之中停下来，做一座不断被激流冲刷的峡江之礁。

40

在 1990 年前后，我的一个朋友埋头写作《中国主体性哲学论纲》，想用当时流行的"主体性"概念从中国哲学史的角度导出之,不知道他现在完成了没有。十多年不通音问,自己当年的壮志早已烟消云散,也不知道朋友在关心什么。

记得当时论题在"主体性"上,却不自觉做了个人主义的理解;当时的主义很多,个人主义是我们认同的。

现在想来,个人当然可以谈,主义却不必了;我讨厌带有暴力倾向的话语。

主义误人误己,就像马克思说自己不是马克思主义者一样,马克思永远是马克思。一个学人沦落到某某主义者的时候,一定是个等而下之的学人,就从语言序列来看也是这样。

41

我的日常生活日渐纠缠于和汉语之间的关系。我只会说母语,但我真的会说吗?我说的是我想的吗?

对自己失语,我持续很久了。

以前说话总是脱口而出,似乎理所当然。现在说出一句都得想想刚才说了什么,在这些说出的语词中,有多少是能指的游戏。

我在寻找个人的词典。

这是我自己的工作。

42

老子说,吾所以有大患者,为吾有身。

身体是个人最直观的规定性,却长期是个人自己的敌人。

如果人自身即是分裂的,或者说我自己都是分裂的,我将如何自处?

43

说出你的生活!但就算是独自面对,我们能否说出自己的生活?

人在什么条件下，才能说出自己的生活？

有人长期陷入孤独，只好对一匹马或者一棵树说话。

有人习惯和自己说话。

有人和朋友说话。

有人话多，说话像流水，话也像水流过去了。

有人话少，说出一句像吐出一块石头。

说、听、沉默、静默。

说出话来，打破了沉默。

听并且听到和意会，然后接着话说。

对话完了，复归于沉默。沉默像拉链收拢，把说过的话打进过去的包。

在沉默的更远处，是静默。

静默是最后的倾听者，它守候着我们的言说。

这是我们的生之静默。

静默上升，可以成为上帝，他接受忏悔，接受我们的罪恶。

静默下降，如海德格尔所谓"常人"和中国乡愿，左右着说，它一定要隐匿或者伪饰。

还好，静默总在那里，须臾不离。

44

和自己内心的黑暗说话，就像要把骨头变成柴火。

骨头终究会变成柴火的，可惜到那个时候，它的光已毫无意义。

45

秋声起了。它巨大的力量和不确定性感染着生命。

大风可以让荆轲和刘邦成为英雄，也可以让庄子和欧阳修成为智者。

大风不会因为我们有关它的知识而有所改变。

站在大风之中，被它荡涤而过，这是生而为人应有的福气。

46

一个社会没有宗教是可以接受的，但是，一个没有敬畏感的社会是不能接受的。

对不可知的事物保持敬畏，这是孔子的态度。但孔子之后，好像敬畏感就失传了。

孔子之后，我看到的是服从和奴役，要么服从，要么奴役。

47

科学还是科学的时候，科学是美的。

但科学日益沦为技术，我们现在更习惯"科技"这个名称。

技术貌似科学的嫡子，我却以为这是资本喷出的精液。

48

我最早的家当然是在母亲的子宫里，这是弗洛伊德的说法，也是个经验事实。

来到这个世界，我有了新家。

这是个新的空间，我有亲人，有居住的房屋。我清晰记得屋檐上的蜘蛛网，阳光可以把屋檐上的灰尘照亮。

以后，我入迷般地回忆房屋上的黑瓦，墙上青砖里刻的汉字，还有雨天石板路上响起的木屐声，仿佛童年就在这渐行渐远的声音里不见了。

这个家是记忆可以提醒我的，这是我童年的家。

此后，好像没有家了。一个内心破碎的人是不会有家的。

49

我的言说如果有意义，那也是对普通人思想权利的一种诉求，要求把这种权利从媒体和意识形态的僭越中还回个人。

50

为了脸皮，我经常想在某些场合抬起自己的头，但事实是，先抬起的往往是自己进入中年的肚皮。

51

苏格拉底被誉为西方的孔子。

苏格拉底之死是确实的，而孔子杀人就不那么确实了。朱熹和钱穆都认为孔子杀少正卯是不可能的。

在汉语文明中，事实很难从来都是事实，事实经常就是汉字，我们可以根据需要，把汉字进行裁剪，让事实呈现某一部分，而隐去某一部分，到后来，大家都认为事实就是汉字那显出来的一部分了。

隐什么，显什么，可能在孔子那里并不矛盾，它们服从于仁。虽说他也多处讲诚，可是为了仁，就可以子为父隐了。在仁的观照之中，隐并不是不存在，而只是策略性地让事实的某一部分晦暗。

隐恶扬善，所以作恶在这种文明之中是在黑暗中进行的。

苏格拉底自己赴死了，后人争论的是，他为什么那么去死。而孔子到底杀了人没有，后人不知道，只好在假想中争论杀还是没杀。

我们就是这样站在我们的历史基础之上的。

这在文明史上是很沉重的时刻。

邓晓芒在一次比较二者言说方式的演讲中说，在言说的性质上，只有苏格拉底对话才真正具有对话的性质，孔子的对话其实并不是真正的对话，而是类似于"教义问答"的权威对话和独白，问者所起的作用只是提起话头和等待教导。

在场的对话和不在场的聆听，可能这两个孔子的分野就在这里吧。

52

一只蝴蝶飞走了，又飞来一只蝴蝶，就在我伸手可及的地方。

我等着，等着它还没来得及的飞翔。

53

说明。

不说不明，一说就明。

说即明。

说出。

不说不出，一说就出。

说即出。

表达。

不表不达，一表就达。

表即达。

表白。

不表不白，一表就白。

表即白。

……

54

有不在场的真。

还有不在场的假真。

它们一起驱动我们的日常生活。我们都"真"的在这种引领下呼唤可能之物的出现。

这不是希望的生成机制,而是我们的局限和丑陋自我展示的图景。

55

资本的第一个敌人是血缘,第二个敌人是民族国家。

在资本社会出现之前,血缘和上帝是体验生活的两种方式。血缘是最直观的,也是最自然的,它让人与人易于辨认。上帝是最黑暗的,但却在内心最有效用。所以这一直观和一抽象,使前资本社会得以维系。

但资本社会还是不可避免地出现了并节节胜利,它越过血缘让市场组织起日常生活,并疯狂地组织生活。货币变成了社会的血液,取代了宗族的辨认方式;再高贵的血统,也抵挡不住货币这个抽象血液的占领。

宗教和血缘一样退却,它不得不以科学的方式来阐释自己。

我们现在所处的是第二阶段,资本以全球化的方式来消解民族国家。所谓民族国家,不过是血缘的高级形式。

这些都不是资本的对手,已没有什么可以成为资本的对手。资本这个非人的力量,只有以非人的方式得到报复。

56

我知道爱是存在的，因为我感觉过它，拥有过它。爱就是爱，而不是别的什么，沐浴在爱中的人生活会产生光辉。

我的意思是说，爱只是爱。而像怜爱、可爱、喜爱、疼爱等，都是爱的细小的部分，像露珠似的点缀；是小爱。

当一个人在大脑中突然闪过"爱"这一个字的时候，那就是我们生活中的爱了。

爱只出现在我们第一次辨认出它的时候。

57

生活越来越抽象，个人能具体把握的东西越来越少。所以有人不断地刺激身体，让身体的反应来留住点什么，或者某个事实真实的尾巴。

58

真正的诗人，用灵魂来写作的诗人，其行为和生活不可避免成为其作品的一部分。这就像我们想到李杜，自然想到他们和酒、月光、漂泊之间的关系，而不仅仅是他们伟大的文本。另外，古人写诗都是在场的，如《送杜少府之任蜀州》《滁州西涧》，例子俯拾皆是。我们现在写新诗却多半不在场了，几乎不和日常相关，一个高高在上的诗神成了我们追求的对象。我们写诗给那种抽象的尺度，献媚于它，以期过早获得不朽。

59

女人是男人的一种疾病，几近不治，也只能自愈。

60

路的终点，是家。

所以，家经常在路上。

61

在中国，蝴蝶充满意蕴。它曾是代表中国人最高智慧的喻体——庄周梦蝶，中华文明就这样揭示了人与物、与自然之间，可能存在的一种关系，至今仍然是对存在的各种文明的一种提醒：人在世界中生存，人与物齐，与物相溶浸，可能生活得更好；它也是中国人世俗生活中的理想范型，代表着日常生活的最高诉求——梁祝化蝶，它来自民间，还生活在民间，不管它是以音乐的形式还是以戏剧的形式，至今同样没有失效，把理想的爱情化作了结伴而行的自由飞翔；在中华文明的转型期，它又出现在胡适的新诗中，开始由前现代的封闭，走向了和异质文明的沟通和对话，并自觉改造自身。

几天前，我碰巧看到了一只蝴蝶的飞翔，才发现它不是像鸟那样飞的，你不能预知它的飞行路线。它像一个偶然的自然的音符，偶然出现在空间中，时而下降，时而上升，飘飘的、薄薄的，任意所之，它的行为，就像是用身体在沉默中吟唱，提示着世界在沉默中存在的美和真理。

我相信古人是非常仔细地观察过蝴蝶的飞翔的，所以给我们留下了一个极有意思的修饰词：翩翩。

62

我喜欢秋天清冽的空气。

可能只有在清冷之中，人才能离理智更近一点，对自我有所反思。当一个人沉溺于外在世界，激情如火，多半就忘记了自己身在何处了。这也就是俗语所谓：得意忘形。

清冷的空气还可以让人意识到自己的身体，天变了，身体在反映季节的变化。

这可以算是空气或季候的提醒罢。

如果生命是一棵树，身体就是我们的根。

63

秋天行走于阳光之中，有如走进了太阳。

没有哪个地方没有光，我有如看到了光从自己身后发散出来，自己成了一片被阳光透视的叶子。

在秋天的阳光中行走，可以看到树影变薄了，变稀疏了，也变轻了，像洇进草地或者水泥地的几片墨迹。太阳这支巨大的毛笔，抖动或聚拢这些阳光之毫，让万物皆成墨迹。

这自然的书写纯粹宁静。我的行走实践着自然的书法。

64

记忆不断地牵引着我们的自我认同，但是现实经常要求我们快速遗忘。

65

进步的意思就是说，你的昨天是不值得的。

66

对于某件事来说，事实只有一个，但这事实未必有效；事实转瞬即逝，有时最有效的反而是人的主观对事实的重构，这也是谎言总能有所作为的原因。

67

读列奥·施特劳斯的《自然权利与历史》。此公雄辩滔滔，但感觉终有所执，执着于用，不如庄子无用而全、无用而得享大用。我认为这不是虚无主义的帽子扣不扣得上的问题，西人汲汲于告诫世人——成为你之所是；而庄子最关心的，倒一直是无法替代的个体的保全，是无用之用，不是"成为你之所是"最重要，而是"你总可以不是"才能保证选择自由。所谓自由选择，也不过自我设定。但社会是如此无所可逃，个体自我若还能自由选择，这才是自我的自然权利吧。试想，我一直保有着我选择的可能性，它新鲜得就像没有用过，不好么？

人无所逃于天地之间，所以庄子的解决方案是：不完全被纳入，不轻易是人之所是，这才是个人出发的起点。

68

如果放慢半步，我就可以留住诗歌。

69

华夏文明不是不能产生科学和技术，而是不能产生维系科技知识再生产的制度保障。这是一种文明的内在气质所导致的。华夏文明的气质是：生活是可以不断被重复的，我们可以把以前的生活再重新生活一次，就像围棋，怎么下，都是千古无同局。这是一种没有把竞争者纳入视野的文化。这种文化一旦居于弱势，可能一晚上就崩溃了，有如邯郸学步，既学不到别人，自己倒先忘了本。居于此文化之中人，倒不用急于学习所谓先进的他者，不妨先守着以前的方式，然后看能增加点什么。

70

庄子的伟大在于，用尽疯狂也要守住个体自由。他站在社会的界面上，一只脚在内，另一只脚在外，警惕自己不要一不留神把另一只脚也迈了进来。我想拒斥社会并非庄子本意，对世界、社会、个人这些自明的存在者，承担是第一位的；需要拒斥的，不过是附着于这些自明的存在者之上的价值符号而已。

71

语言和文字是两码事。语言可能通过一代代人口授相传，用不着文字，它通过生活和生命本身来解决流传问题。语言是自足的。文字则不然，语言可以随人的生命一起消失，但文字不死。文字的第一个功用，是我们的感性生命可以看到语言，文字给语言穿上了一套物质的外衣，在文字出现之前，语言不过是积累起来的发音规则和日常中可重复的语音，并指向其约定的意义。文字让我们看到了声音。文字的第二个功用是少变。语音不管怎么变化，文字却经常是老样子，像真理一样静止。方言再多，文字却可能只有一个。文字的第三个功用更大，它不仅构建了自身的制度，也构建和组织了社会。文字不仅是一眼可辨的文化，而且它自身就是某一文化的母法。文字诞生于语言，但它出生后不是语言的儿子，而是某一文化的护法。

72

一种声音，是不是一片叶子，从树上落下的声音，响过，便已无法挽回。

73

我倡导日常的伦理；即个人真实地承担起自己的日常。我们所受的教育经常把我们引向有着彼岸的伦理，向着未来而生。

我的意思可以这样表达——通过日常获得自由；或者表达为——通过日常获得解放。

74

这个世界从没有贫瘠过，贫瘠的不过是人的内心而已。

再富庶的社会，也无法排除人的辛劳。而人，必须辛苦劳作，这是人之为人的本义。

75

哲学这门学问，现实是它的确是一门学问，但比之于学，它更像是一种历史形成的体制。

在汉语话语中，近代以来的学问，很多来源于西学；哲学即归属于西学。哲学的合理性和西学的合理性是同一的，也就是说，哲学在近代以来之所以得以成立，恰是因为我们要向西方学习，要引进西学，它和自强的动机相连。

德里达说，中国有思想而无哲学。此话的当。但中国虽无哲学，却有了这个从东洋输入的来自西洋的名称，名至而实归了，就算没有，也认真地做了起来。为什么呢？因为人家有而我们没有，我们又落后了，所以，必定要有的。

不过，现在灭种的可能性是小多了，虽说还落后着。所以，产生了中国有无哲学的问题。

这真不像个问题。

因为判断这个问题的标准只可能是西方的知识体系。

而中华文明是所有古代文明中唯一没有灭绝的文明。因这一点，我们必须重新审视我们提问的方式。

我们没有哲学，不是坏事，当然可能也不是什么好事。但是，我们有自身文明特点的思想，因此，我们可以参照西方哲学，来研究我们古已有之的思想，而不是哲学。

76

在自然中，我可以到处找到看清皮囊的镜子。沧浪之水清兮，可以濯吾缨；沧浪之水浊兮，可以濯吾足。但是，我还得在内心中找到另一面镜子，它能照清灵魂。

77

烟雨江南。

生长于斯几十年，似已没什么知觉了。偶尔想起不远的故乡，老武昌府的一处，仿佛家就是江南，江南就是家。它们都沉默在烟雨的幕后，等待着在某一刻显影。

78

很多男人很少说话，他们在烟、酒和琴声中获得友谊。其实，还有什么比沉默更有力的言说呢？米歇尔·福柯可以和朋友对坐一个下午，享受在沉默中出现的友谊，甚至爱情。

我可以想象这种在突然拉长的时间中出现的情感。这时，时空人物，各在其位，同时出现，人生此时没有缺失。

对于男人来说，有此获得，生命就变得不重要了。

79

月和水，是禅宗和尚反复运用的词语。掬水月在手。月穿潭底水无痕。水急不流月……

月和水是他们的白银和黄金，用来购买追求的真理。

我一直有一个这样的视觉印象：和尚溪边掬水，手中漏下月光。

80

"我"，是一把谁都可以坐上去的椅子。

当我说"我"，我就坐了上来，但"我"的实际所指，却是一个无法替代的身体。

最少有十亿人在说着一个"我"字。

"我"一直存在，而无数说过"我"的身体，都将化为灰烬或已经化为灰烬。

所以，"我"拥有大一统的权利。

"我"在个人指涉时如是说，在集体指涉时同样如是说，比如，我华夏五千年文明源远流长，这一句里，"我"一口气僭越了五千年。

当我还继续用着"我"字来表达这个单独的身体的体验，像灵魂游离出了身体，虽说身体并没有损失什么。

我用庄学越界，用现象学入界，用儒学打理日常生活。

当我写下这个句子，多少觉得有些恐惧。

这个我，怎么像上帝一样至高无上？

81

偶尔读到《夜雨秋灯录》第二卷的首篇《不了了道士》，结尾处道士的诗中，有一句颇有共鸣。原句是：结口不敢言，我我称主宾。

不觉想到庄子中的许由说给尧的话：吾将为名乎？名者，实之宾也。

主宾名实，社会之位，本无可厚非，一个不得不接受的事实。但个体若仅囿于其中，挂碍牵绊，自不能少。因之，确是要首先破除位格。个人本无所谓位格，只是一个他在的分派而已。

我我而后有我之我，而此我未必尽执于我。

这像一次逃逸，但却是一个开始。

82

朱子说："庄子当时亦无人宗之，他只在僻处自说。"

读后拊掌一乐。

83

我敢肯定，自己不是一个人道主义者，我正是从这个……主义中走出来的。

人类就像是自然的一个调皮的孩子，不断地惹是生非，但还是得回到天道。

人道中即有天道，但人用自己的智慧遮蔽了天道。

84

记得大学时拿到萨特的《马克思主义是一种人道主义》的书，颇为激动，当时手握书皮的感觉似犹在手。马克思那些有关人的解放的高亢的声音，那时一直激励着我。我当时的确就是那样认为的，如普罗泰戈拉所言，人是万物的尺度。马克思批判了共产主义社会前的任何人的异化，设计了人得以全面发展的图景。

但马克思提供的是欧洲中心主义的普遍尺度，和他批判的资本全球化进程是同质的；当他说全部世界史的时候，多半心里想的是欧洲的历史，另外，他对主体太过乐观了些，允诺了主体太多的权限，如他所言，问题在于改造世界。

对世界不同文化的历史生成，他晚年注意到了；社会、经济如身体，易于看见；而文化的历史，比幽灵更难以发现。文化是没有终极因的，也不是合目的的，文化有时就是怀乡、循环或者重复一种生活的眷恋。这即是说，进步这个目的凭什么权利舍弃这些生活的情感而将它一刀两断？

人道主义往好里说是全面发展人，让人变成万能的上帝，享受此生尊荣；往坏里说，人道主义借人道之名而实施暴力，是天道的逆子。

85

马克思在《1844 年经济学–哲学手稿》中说："我对任何一个对象的感觉都只能以我的感觉所及的程度为限。"

这里他指出了个体的感性限度。

当然，这个限度总是处于变化中的，但无论怎么变化，这个限度总是存在，因而，个体只能在有限的界限之内感觉，这是个体生命的限度。

那如何解释天地与我并生，万物与我为一呢？限度如铁闸，这是越界吗？

首先，这不是科学认识，与知识无关。

再者，沿着马克思的理路，从感性方面来理解。也就是说，感性与感性因时空而自身相关。自我循环的感性不断地在场，从而实现个体的有限度的自由。

天地与我并生，万物与我为一，即是感性自身的体验，或者说就是审美。

86

按尼采的说法，上帝死了以后，"世界唯有作为审美现象才能为自己辩护"。但是在"存在之鬼魅般的荒谬"面前，人以什么来对抗虚无？

人有免于恐惧的自由，同理，人也有获得恐惧的自由。在巨大的自然力如海啸及内心无边的恐惧中，人除了敬畏和匍匐，还能有什么反应？

人生充满辛劳、苦难和悲惨，它们如大山巨川，而快乐和幸福，不过如大山上的一片野花、巨川中几朵偶然的浪花而已。

而社会流行着谎言和阴谋，盛行的是掠夺、剥削和压榨，资本已经把地球快压扁了，它喷射的精液污染了几乎所有现存的文化和民族国家。

在这不可避免的图景面前，劳动之美有何意义？不过是资本的帮凶而已。意识动态的慰藉、形而上的慰藉、宗教的慰藉、艺术的避难所，不过如鲁迅意义上的自欺而已。

87

历史是不能假设的。这话不错，但几乎等于没说。但历史总是现实的一个维度，此话就不那么经得住推敲，但不少人相信此话说出了更内在的东西。更有甚者，历史是个任人打扮的小姑娘，此话相信的人恐怕就少了。只有身居乱世的人，才相信最后一句为真。

历史就是历史。但历史上没有什么没有发生过。所以，太阳底下没有什么新东西。但历史就是不存在。历史只有和现实、未来相关的时候，才发生作用。

历史有存在过的痕迹，在器物和文字之中喘息，如时间的残骸。

而个人有如历史，除了当下，能留存的，只有那些踪迹；它们向个人的现在和未来敞开。

88

十年前欣赏"淡极名心应在野，生成傲骨不依人"，现在觉得很有些过了，但一时也没有"晚来唯好静，万事不关心"的可能，在这种情况下，突然发现陶潜最到位——问君何能尔，心远地自偏。

89

我经常相信，但不总确信。
我的相信是有限度的确信。

90

挤在城市商场的人山人海之中，我经常要挤过很多身体才能找到自己的亲人。而在节日，人山人海延续到了街头，形成了一条由身体组成的奔流的大河。

人山人海的景观让人产生人的共同性的幻象。这种共同性在历史上以不同的内容出现，以前是政治或者军事，现在是消费，社会总可以找到一条合适的鞭子来驱动我们这些群氓。

鞭子发挥作用的方式，有时是它嘹亮的响声，有时是它答挞在皮肤上的印痕，有时是刺激欲望的诱惑……

91

我不喜欢任何道理，但我喜欢真实的体验。

92

我们大多在看似透明的语言的罩子中隔膜着。

除了有关最基本生活需要的话语可以沟通，我们还能沟通什么？

除了日常生活的语言，只有一种语言，那就是意识形态的符号可以占有所有的空间和人群，就像"文革"时期的标语至今还停留在某些偏僻地区的屋墙上，同时又叠加了新的标语，比如，谁烧山，谁坐牢；而这种语言更多像一种装饰，不过是表面中最表面的一层；厚重和实用的，仍然是那座或许几百年失修的老房子。

余下的情形多半是，我们都说着最熟悉的行话，不同行的隔着透明的山。

93

我时时在别人的丑行中为自己感到羞耻。

矫情和伪善可以一眼看破，这不值得羞耻。

值得羞耻的是，人在无意识中流露出来的丑行，这最不易被察觉的丑行。

94

所谓和谐，在日常一般只能理解为和平，和平地使用暴力；一方和平地攫取，另一方和平地屈服。

只要有主体和客体关系的存在，和谐一般只能表现为主奴关系。这即是说和谐一般是不可能的。

但爱和敬使和谐成为可能。为什么呢？爱和敬消弭了主客界限，超越了支配或欲支配，否定了有关利益的计算。

和谐出现在并列和溶浸的时刻，并因此获得而固有不失。

95

按照莱布尼茨，世界是前定和谐的。

无非是人巧于用智，世界才越来越不和谐了。

真理无时无刻不在世界中存在，在沉默中言说和表达。人虽有智，无奈智不完全，只好发现一个破坏一个。

我相信人为是破坏真理和谐的开始。

认识和运用真理可能本不属人，神也未必要人来虔敬他，天地本无仁与不仁，人的知识积累得再多，也未必能穷尽天地本然的真理，只是因人的印记，这个世界已到处布满人的主观性的烛光，欲与天地本有的星光争辉。

可能人类历史最终教会人的一条真理是：做属人的事而不要异想天开。

96

很多人走进了主义的丛林，还有人根本没想为什么就跟着走了进去。

幸好我停了下来。

丛林充满诱惑，让人欲罢不能；丛林蔚为壮观，为人世之大风景；丛林到处都是小径，比迷宫的设计更精巧。

但是，哪一条死路不是耗尽了人的一生？耗尽了数代人的一生？乃至耗尽了所有人的一生？

97

死亡如此安静，就像真理一样安静。

死亡一直在安静地等待我们，就像真理在安静地等待我们。

98

疾病无疑会带来很多痛苦，但疾病有一个好处，它让我们突然中断和社会的共谋，转而目光向内，回到相对纯粹的自我的呵护或者关爱。

99

为什么美的事物总让我觉得疼痛？

100

死是无所谓伟大与渺小的，死就是死本身。但有多少活着的人谈论着死，或者通过谈论死而畏惧着死。

任何自然的死虽令人伤疼，可理智尚能接受。

不能接受的，是人祸制造的死亡。

当我看到接二连三的矿难而出现的死亡人数，我似乎看到矿山在张开一个个死亡之门，把一个个进入其内的生命毫不留情地吞噬，这是当代的一种死亡景观，因发展的冲动而制造的死亡图景。

101

给宠物狗配备各种用具的人，其爱心不用怀疑。

人道的爱在狗道面前虽然多余，但主人仍可以用人道收回。

不用说人道经常就是这个充满了爱心的主人，侵犯狗道、猫道、鸟道……

这爱的侵犯甚至充满寂寞。

如果我们是上帝的宠物的话，可能我们作为宠物，必定感受深得可以，虽说我们是被人使唤惯了的。

102

本来沉浸在想说的什么之中，但想着想着，突然发现忘了要说什么。

可能这就是所谓出神。

如果总是这样出神，言说就是多余的了。

103

谎言飘浮在松花江的水面
还散发着气味
明显发生了什么
但我们就是被告知
的确什么也没有发生

与松花江的谎言相对　流言浮动在人心
它比谎言更快

流言报复谎言总是更有力

由于谎言存在　流言通常更加可信

在松花江的流言中　生活是如此审美
试想　没有谎言的生活实在太没趣味了

只有在实在让我们相信它并不实在的时候
这样的实在实在太好玩了

104

学会了无畏，当然坚强。但同理，学会了无耻也同样坚强。

无欲未必是好事，但无欲则刚是一定的。做到无求太难，所以无求的人崖岸自高。

只有无心可以把这一切都扯得很远。
无心并非不关注，只是不聚焦。

105

冬天的阳光是安静的。
如果感觉到阳光在动，那是因为叶子在眼前飘了起来。
叶子的飘荡，就像印象画家的笔触，随意涂抹着。

这些天来，我在阳光的堆积中，寻找死亡可能出现的针眼。

106

不是轰隆一响，而是呜咽一声。
艾略特这样描述末日。
我在其中听到的是一种中断。
死亡就是这样一种中断。

但是在垂死者可以预期的中断面前，在一个垂死者还没有被满足的生之意志之前，讲述庄子似的一死生不仅多余，甚至显得无耻。

大限将至的声音即将像钟声敲响，时间变得不可忍受。

死于生者，不仅在于那干脆的一响，还在于其久久不散的余波和余波亮出的锋刃。

等待死亡是残酷的，但死亡否定生是毅然决然的，这时的永别，死就在这时唤醒生者。

死，就是在恰当的时候挂住生者，挂得你不能安生。

107

死在终极处完成了生，也肯定了虚无。

就这样，死是生者无法进入之地，正因为无法进入，死的意义无法碰触，死因此永恒地完整着，同时成了所有的生的守护者。

108

我很庆幸自己出生于 1968 年，庆幸自己出生的地点：湖北省蒲圻县新店镇；一个明清期间发展起来的典型的中国式商埠；新店之所以被称呼为新店，想来在明清以前无此地名。这一偶然使我对中国民族工商业者充满同情，也心生赞美。我从老人的讲古中知道了历史，也从石板街和青砖黑瓦的商号以及蟠河边的船码头上，被那些历史遗存以成长的方式注入。

我庆幸自己通过明清建筑可以怀念祖先，庆幸童年成长于中国被现代性和全球化全面输入之前的最后一个门槛；现有的一切改变，恰好从那之后开始。

我因自己的生命而关注那过去了的 1970 年代，并因成长环境而对现在的一切充满警惕。

我感到自己被祖先熏陶和选择，传统因之成为个人生命的起点。

没有数典忘祖，应该是一种幸福。

传承先祖遗德，也应该成为使命。

109

我从不相信儒学可以解决中国人的所有问题或者大多数问题。儒学作为主流，在中国也更多只是一种社会策略或政治表象，是一种表面文章。百代皆用秦制度，这才是中国社会的核心秩序，儒学不过是后代天子把这个过于赤裸的制度蒙上了一层浅色的布幔，使政治符号更显简明了些，提供了一个相对简明的游戏规则。

儒学是有关庙堂的言说，或者是想跻身于庙堂的士人的学说——学着说。

在日常生活中，儒学更多显现为礼乐仪式，是官场做派或者民间礼让的游戏，用过，就可以扔掉的。

中国传统中有一个不好的东西，我认为是为儒家所带来，这不好的东西我称之为共同性的假象——即我们在社会中做什么，大多是做给他人看的；大家一起言不由衷，大家一起监督别人，大家一起姑妄行之；似乎在日用之中，大家所遵从的儒学假定了社会是异己的，退回个人是迟早的；而个人不过满足口腹之欲，或期待在社会中获得和行使特权。

儒学在表面上是精英的言说，而底子里倒似充满庸常的渴望。

不过，这可能是所有作为意识形态的观念序列的普遍规则和形式特征。

所以，我虽然发自内心地尊重儒学，但是，对那些欲藉儒学以重振什么什么的人也发自内心地鄙视。

我觉得东方文明之所以是一个从不认错的文明，主要是因为儒学的流布。

本来不是一个事儿，但因为有儒学，就会把这不是一个事儿的事儿太当回事儿，有意维持一种共同性的假象，内心却早已烂得一塌糊涂。

110

钱穆先生在谈论孔子儒学的缺点时说了三点，第三点是："他们太看重社会大群的文化生活"，"容易偏陷于虚华与浮文而忽略了内部的质朴与真实"。钱先生此句，即我所谓"共同性的假象"。由此假象，我们在日常中都默认了或模糊界定了社会和个人的大区别。社会总像是一个伪饰，大家都不当真，其后果便是退回到个人之私欲；而我们的所谓个人大多是生理性的，所求不过福禄寿禧。

所以中国人的面子便畸形地重要着，社会为一面子，个人在社会中也为一面子；面子下面是什么，大家也都心知肚明，只是隐而不宣。

如果社会中的个人连"内部的质朴与真实"都少之又少，这个社会是难以寻求到相对的正义和公平的，也是令人愤懑的；在这个意义上，我理解了杨朱的"不损一毫以利天下"的立场。

钱先生说的第一点是太重人生而忽略物界与自然，第二点为太重现实政治和大群体而忽略个人自由。我觉得这两点皆为其第三点而引发、驱动，既不认真，连一己之私最后都变得真假莫辨，谈何福祉？

111

由于目的和手段经常分裂，我们不仅常常滞留于手段而遗忘了目的，而且为了手段之自我完善而制造出新目的，并因此使手段本身成为目的。这即是说，所谓被制造出来的目的是非本己的，是个体的自我异化的一种。

目的的完成作为一种实现，使所有的手段无所可用，变得不可能。在这个意义上，正是目的否定了手段。这也是手段要不断地制造新的目的的原因。

资本文明是典型的手段的文明，资本是手段，也是目的，使之既成为手段又成为目的的力量是其自身增值的冲动。

资本自我复制的力量表面上弥合了手段和目的之间的鸿沟，但是这种弥合也是典型的目的的自我制造。

但有一种目的是超越的，它仅只守住目的自身，既不制造，也不提供手段。

112

你。我。他
和我们之间所面对的事物。
一定有什么隐藏在我们
和我们所面对的事物之间。

113

我遗憾的是，记忆也是不断再生产的。问题是：为什么有的记忆不断地再生产，而有的生命却消弭于无形，就是记忆也唤醒不了？

我们带着某些可悲的记忆，藉此认同自身和自身的过去，它从来都不是同一个东西，也不是同一个生命！

114

小时候无法喝到牛奶，就像没有机会上幼儿园。江南小镇最奢侈的早点是米发糕。

这一点个人经历，让我一直羡慕那些喝牛奶的牙齿；这些牙齿不仅代表价值甚至地位，还代表着自古而来的贵族气息，虽说它们凭借的是乳臭；也让我羡慕那些陌生的幼儿园中的童年，因为我不知道幼儿园中可能发生什么。

虽说牛奶和幼儿园不一定包含着政治，但政治中有可能纳入牛奶和幼儿园。

当我听到同学在谈论幼儿园中的回忆时，这对我是一种缺失，我没有幼儿园中的生活经验和记忆可以交换。

牛奶和幼儿园，不仅是政治的问题，也是现代性的一个细节，这我从小就在耳闻中陌生的细节，它没有发生在我的童年，却发生在我旁观的朋友们身上，这可能就是我到现在还能想起这个细节的原因。

在1970年代，现代性可能就是牛奶、幼儿园和城里的机械厂，另外就是话语中的革命。

115

我有一个专制的父亲，他的坏脾气和权威让我一直生活在他的阴影之下。

116

现实：我最容易忽略的魅力。

117

事物四季流下的眼泪，为什么只充当了一种病态精神的助产婆？

118

思考就是目光所及的地方。

119

在建筑的表面，每一粒沙子既坚持着自身局限的疼痛，也补缀着人类欲望的伤口。

120

我的手伸向银杏树枝，它终有一天也会变成一片黄叶，缩紧秋天宝贵的液体。

121

一场大风，把我和寒冷同时惊醒。

122

一个孩子眼中的迷惘，这迷惘是一种怎样的重量？

123

连续几个月来，我似乎滥用了"内心"这个词，这不厌其烦的重复，也使得我颇为无奈：我有什么理由不断地重复使用它呢？

就像真理不是我的亲戚，"内心"这个词也同样不是。我只不过有一个所谓的一己之心而已。

不过，好在我说的个是有关内心的知识，而是体验；在不同的时间和不同的地方，说出对一个词的不同体验，这勉强说得过去。

124

在平庸的麻木中，堕落有时的确是一种良好的刺激。

125

我的工作让我经常有这样一个直觉：穿过一个汉字的缝隙，抵达事物固有的喧哗与宁静。

126

只有你恐惧的眼神望着我
多么可怕的无限

127

美这时只是一种气息，被你闻到。

128

我们的可笑之处经常在于以物来设定自己，对狗尾续貂的事儿乐此不疲。

129

这一年像很多年一样，这一年也只能像很多年一样，平静地过去了。这很有点像说，很多年并不是什么年，也不是什么时间，而只是人为的约定，像结绳记事，是我们自己的事情，而不是别的什么事情。

时间的意义，就在于我们用内心鼓出这样一个疱块吗？或者鼓出几十个疱块，让我们得以辨别些微的不同，而这不同只有私人的意义？

史官的笔肯定不是这样的，因为史官的视觉和判断有另外一种尺度，个人的尺度又等于没有尺度。

虽说如此，我还是觉得结绳以纪事是诗意的，就算是一个脓疱，也有一只最精确的手，能挤出它的脓来。

结，也可以是时间之结和情感之结，的确有一双手或者两双手，挤出这些时间之脓、情感之脓或者事件之脓。

130

历史有时的确是毫无意义的，像死亡一样不可抵达。

我们说的人类历史没有谁可以进入，我们说的死亡也没有谁可以进入。

这一前一后的不可能，把我们挤压在此。

对于我们所有在此的人来说，死亡虽然是一声必然的脆响，但现实它的确就是一种不可能的未来。

历史对于我，像是儿时的旧家具，或者旧家具上有些锈迹的铜环，我曾经存在的手拨弄过它，它发出的响声异常轻微，铜质的形象上有记忆的黑点。

131

和鲁迅先生相对，我不大相信进化论，因之，也不大欣赏青年。

与鲁迅先生相反，我从现在开始反对青年。

也反对自己！

132

我在言说发生的那一刻反对自己。

特别是言说身外之事的那一刻。

尤其是像手握真理而评论世事的那一刻。

我说，并没有任何优先的权利。

别人先说，同样没有任何优先的权利。

这就是说，真理没有屁股。

133

我充满矛盾，但并不有悖真实。

我不仅充满矛盾，我甚至担心我说出的话过于掷地有声。

134

有多少让我们应该引起警惕的事情！

比如激情，比如突然升起的视死如归的气概和义无反顾的匹夫之勇。

135

更多的无趣在于，你做一件事它注定要成功。

136

我现在发现我的思考和真理无关，和人的思考的权利也关系不大。它有时是生活鼓出的一个珠子，像儿时的玻璃球；有时是一种慰藉，像和朋友的交谈突然中断后，出现的不言之言的沉默。

137

我对秩序充满敬畏，这不代表我认同它。
我对秩序充满认同，但不代表现实提供的秩序。

138

从盛宴中撤出的人意兴阑珊。
像夜半的猫叫，或歌厅中的卡拉 OK，你的呼喊也是设定好了的。

139

孤单的月和群众的星相互避让，这是视觉提供的天象。

140

其实我在冬天一直和寒气对话，我甚至为它写诗。寒气不仅是一种气温，也不仅是因为它没有形象，它的力量有如普遍性的力量，隐而不显但真实不虚，每一个身体都必须和它有所交谈。

141

树叶落光了以后，鸟巢才完整地显示出来。
一个个被树枝擎着的鸟巢，高耸入云，在冬天的寒冷和雨雪中更显力量。

鸟巢作为初始的家园，让我知道，温暖并不在多，一个鸟巢大的地方对于生命就已经足够。

142

我常常读到一些华美的文字，有目迷五色之感。但读着读着，隐然觉得有所不足，在那些所谓的"文"的下面，只留下一种东西，这东西混合着虚矫和自喜，似有超人一等的感觉。我想了想这种写作中隐在的优越感的源头，好像在苏轼的文中就有了一些端倪，到了明朝，此类文章就泛滥成灾了。

原来这就是为什么我一直不喜欢那些风流自喜的南朝文人的原因，可能还得再加半句，那些貌似高雅的俗气得怪异的南朝文人。

143

"象"是多好的一个字呀，但前几年写文章用它的地方大多被规范为"像"了。

万物外观皆为象，一物与另一物有所相似，又新生一象；而不是像。

象，每当我用它，感觉有生成的过程，而像，则是静态连接两物，我认为是知性固化了词语和事实的关系，也窒息了词语本身的呼吸。

象既本有此身，又汲取身外他物，即溶浸和共享。
从现在起，我的文本中，会尽量多用它——象。

144

思想有时更多就是一种情绪，
但我这样说肯定是错的，

因为思想不是情绪。

情绪如大雾，让高速公路获得关闭的理由。

而思想清晰，它看得到地壳里岩浆运动的规律，和一个人眼光中流露出的蔑视，

天空中星云像雾的样子。

我的思想并不是清晰的情绪，

它可能是情绪包围的一个孤岛。

废名说，思想是个美人，是家，是日……

145

为文，我要学习庄子；为学，我也要学习庄子。

学习庄子的主要目的，就是为了无用。

没有效用期待，是我最羡慕他的地方。

146

蛇悄然贴地而行，它吐出的信子品尝着空气，并藉此指示出前进的方向。

相对于蛇毒，蛇的行进方式更显可怕，它奔跑而不需要脚，它前进而不运用眼睛。

这就是说，蛇以非常规的方式，不仅因舍弃脚骨从而贴地隐蔽起自己，也因舍弃视觉而使目标更为清晰。

它的行进多么安全，它的食物在空气中散发着无处可藏的气味。

在这些诡谲的准备做好以后，蛇以最经济的方式使用自己的牙齿和毒液，这致命的武器。

147

有的文明把人变成奴隶，把人变成没有脚骨的蛇；有的文明把人变成盲目者，把人变成靠舌头指引前进方向的蛇；有的文明把人变成完整的蛇，不仅冷血和没有脚骨，且有尖利的牙齿和致命的毒液。

148

我对松柏有原始的敬意。松柏不是不枝蔓，但枝蔓皆因专注于接近天空和阳光而得到了节制。

松柏的生长是慢的，我们不能理解它身体中的前朝，也看不到它长得比楼房更高的明天。

但我们还是有机会看到它站在奇峰的顶上，餐风饮露，身边云蒸霞蔚。

松柏拓宽了我们有关时空的界限。

它们恰如其分地守在边缘，也只有避世者才能更多接近它们。

149

禅宗像我的一个远房亲戚，我时时感到它正走在来看我的路上。

150

我准备好了我认为最好的绿茶，绿茶里冲得出我们互相认同的味道。

151

小时候没事儿在屋前玩，有时翻开一块废弃的青砖或用破瓦片刮开一段断木，可以看到很多蛹虫或者蝼蚁，能发现它们是欢乐的。

现在住在城市的高楼里，一栋栋楼房就像放大的青砖或者断木，过着的，也是蛹虫或蝼蚁般的生活，问题是谁的手会因为游戏冲动而翻出我们？因我们这样的生活而感到欢乐？

152

老实说，我经常感到无根的痛苦，我不知道为什么体内隐藏着一部痛苦发动机。

但这没有什么，当一种痛苦痛苦得毫无意义的时候，这就是痛苦作为痛苦的理由，就像爱。

生命与生俱来的悲痛看来是存在的，它是肯定的力量，提醒着生的现实局限。

我的痛苦体验是，突然觉得体液全部被抽干了，生命就是一层薄薄的皮，蒙在身体的骨架上，像一面鼓，在反刍被虚无的力量敲打出的巨大的响声，和响声带来的一层层荡漾着的回声。

153

天要黑了，暮色从远处走来。古人有句，日之夕矣，牛羊下来。暮色现在以各种可能的方式下来。

天黑了，呈现在眼前的黑暗中，诸物无法分辨。

天黑了以后，才是真正重要的。黑暗让我们和万物团结在一起，这种统一性不仅是天赋，也是启迪和教诲。

154

以前，我对世界充满警惕，现在也对自己充满警惕。

155

画家画山水，一般是动静相间的。

而画家画静物，表面上看肯定是只静不动，并且这些被画入画中的物，大多为人造之物。

静物之所以被称为静物，大概与它们的被弃有关，只有从有用或在用之中挣脱出来，人造之物才能获得静物之名。如果在用，那可能得叫工具或者摆设。

在静物的被弃中，当然还有人的孤独，或者画家感受到的静物被弃的孤独。

静物静了，人在休息。
在有那么多的劳作的理由催逼下，人因什么而得以休息？

156

任何代言都是可疑的。
任何代言中内蕴的道德冲动和利益驱动也是可疑的。
代言人，更是可疑的。

157

人就算在言说自己的生活时，也是可疑的。
那么言说的真实性何在？

158

言说的外壳是经不住推敲的。

159

但信任是存在的，虽说人与人之间恒久的信任值得怀疑。
信任一旦生成，言说的外壳便被击碎，且显得多余。

但问题是信任经常并不就是目标，信任经常在有所图的前提下才成为目标。

无利害的信任才值得考察。

160

如果我要说出什么，这说出的什么很难说就是真相。

我的感受是，我有时候说出了什么，但是，我说出的大多是生活进入我体内后的一些东西。

我打理这些进入我体内的生活。
但我不相信这就是生活的真相。

161

我越来越不会说话，
但我坚持用汉字思想。

162

个人在社会中很无奈，在维持生存的意义上，唯一能做的，就是等待被强人或强势集团收买或者毛遂自荐。

163

八斗不醉山巨源。

山涛喝酒有常，对朋友，只喝八斗，对皇帝，也只喝八斗，任何时候都不多不少，能做到这一点的人实在太少。

由此可见，山涛这个个人非常强大。所以，为官为隐，对于山涛来讲都不是问题，不管在什么地方，山涛只是他自己，常年八斗不醉。

164

风习的伟大在于其不令而行。

165

韦伯说："中国城市居民在法律上仍属于其家庭和他出生的村庄，那里立着其祖先的宗庙，他一直保持着一种心理上的归属感。"他还说："'城市'从来就不是'故乡'，对于其大多数居民来说，只不过是典型的远离家乡的一个地方而已。"

他这话的意思是说，上述因素阻碍中国城市阶层的发展，因而发展不出以"自治共同体"为特征的前工业化时期的城市。当然，他所指的"城市"，是11世纪从意大利发展出来的并逐步推广的欧洲城市。

但在这里，他非常精确了指出了中国式的"乡愁"，我倒认为正是这种乡愁，让中国人在漂泊中怀乡，因一地一族的维系，使中国文化得以长期一统而不致分裂。

中国式的乡愁的传统形态是，很多离开故乡的人清晰地意识到自己身上流淌着祖先绵延下来的血液，保有着在自己的出生地成长和养育的记忆，他为成功所付出的努力，有为家庭获得荣誉的驱动，他的情感的形成，直接来源于血缘、地理和成长教育，并执此不变。

光宗耀祖和落叶归根，是很多中国男人的生命路线图，为荣誉出发，为死亡回乡，在荣誉和死亡之间，是游子。

当然，经由革命和开放，中国社会催生了新的人群，但仍可以简单地分为：在心理上以城市为故乡的人群和心理上以乡村为故乡的人群，后者为明显多数。

中国式的乡愁，不仅是一种情结，更是一种凝结华夏民族性的伟大力量，我们不能以一时的得失而对其不敬。

166

我喜欢事物自己守住自己，通过自身言说。

比如雪在飘，就是雪在飘，而不是"撒盐空中差可拟"，或者"千树万树梨花开"。

雪就是雪，雪在今天落下，在立春前一日，飞雪迎春。

雪很白，白得很小，飘到眼睛里很凉，落在嘴唇上，慢慢融化出一种冰凉的甜。

167

以前对记忆本没有什么特别的感觉，自然地记住又自然地遗忘，但现在觉得问题不是那么简单，因为我们现在面对着一个叫人快速遗忘的社会，个人在其中被未来之物诱使和催眠；而未来之物更多是标准化的和流水线的，非地方的，无差别的，更优质和更方便的，除了自然环境还勉强以个性的形态存在，同时也被缓慢地改造着。

而就在我们这立足的、仍在不断被改造的地貌之上，非地方的产品和垃圾堆积得越来越多，上面都标志着某某制造，几乎所有的人被诱使占有和消费它们，或者期待占有和消费它们，这样个人的空间变得越来越小，生活几无差别。这，几乎就是地球村的图景。

好在吾生有幸，还保留着 1970 年代以来的一些记忆，想得起日常手工制作中滤过的时日和当时安静地守在身边的自然环境，隐隐地固守着个人的方言和地方感，记忆成为另一种力量，在未来之物的诱使和催眠中，它在说着我的方言和地方，让我突然自觉珍视它们，并捍卫它们。

168

一个人孤独，两个人相依，三个人政治。

现在的家庭倒类似这种情况，一般来说，有了第三个人，才出现政治。

人在一个人的时候，需要承担的东西很少，人在两个人的时候，可以尽情地相互撕咬或者慰藉，问题是第三者来了，第三者带来了未来，未来恰因为其之未来，需要筹划和安排，因此家政出现。

而未来既是可能也是虚无，政治在很多情况下与其说是对利益的占有，倒不如说是对虚无和可能的占有。

政治在时间上总是提前，它是那个起得最早的人。

169

理性教育的一个惯性，就是教人去寻求表象背后的规律性知识，并固化为思维习惯，所谓透过现象看本质。

这也许可以称为思想的风习。

这种风习的流行，结果却如画鬼，怎么画都行，很多知识就那么矛盾着。

所以表象反弹，有人坚决捍卫表象的真实性的权利。

祛魅和返魅，本就是思想的巫师们的工作，要么少一点，要么多一点，但从来做不到不多不少。

因之我知道了表象的价值，它是一种很清晰的皮毛，穿在事物的身上。

170

在黑暗的后面还有什么？

是谁在言说？

是我还是我听到的声音？

171

以当下观之，历史就是不存在，就是消失。但是，历史在很多时候是作为我们的命运来经验的，比如家族，比如诸神。

172

虽然无可挽救，但生命中总有一种力量在推动我玄学的激情。

173

中国人的心理素质应该是最强大的吧？在几乎没有上帝的支撑、祖宗的保佑的情况下，在生活中有无数的理由让人崩溃掉的现实中，却总有最后一个理由让人在濒临崩溃时免于崩溃。

这最后的理由可能是鲁迅说的麻木的灵魂，也可能是生命本身的天命，但都几乎是随机的。

结果几乎是：没有理由地要活。

这样的心理当然强大，我们身体里装置着一个优质弹簧，拉长的时候去掠夺，压扁的时候让所有尺度堆积在一起，密谋反弹。

174

本原清净，我不会写作本源清净。

本是木本，原是泉源，这是本原的初始义。

在形成文字的时候，修辞就开始了；而修辞，在其开始的时候颇有不得已处，实在无法言说，只好借助修辞。

我们在行文和说话时，经常颇为有理似的指出事物的本原，但就算是准确说出了本原，我们还只是回到了一个准确的修辞。

善于修辞的人常常自得于其修辞的能力，却不知道在形成文字的时刻，修辞有多么的不得已。

造字不得已而用修辞在于，实在是找不到对象，无奈只好引申。

175

在当代做一个诗人多少有些不幸，他已经远离了故乡，也考证不出自己的血缘。

176

哲学的美在于它是一场大风，它不那么轻易地被你看见，但它让你的汗毛在一种力量的行进中变得弯曲或者在恐惧中直立。

177

水流动一下，就可以产生诗歌，但不足以产生哲学，虽说哲学也是从水的流变不居开始。

因为：水是时间最早的形象。

178

规律性的把握和寻求是另一种宿命论患者。但宿命论的好处在于，只有宿命才能允诺自由。

规律论者蔑视宿命论者是没有理由的，寻找规律约等于体验宿命。

179

流星划过古代的天空，对全社会是一种预警。

飞机拖着白色的尾巴，像流星一样划过天空，但变得了无诗意。

这二者的比较可以叫作：进步为审美付出的代价。

180

科技发展和应用的成果不论多么辉煌，但在人类生命宿命的无聊面前，总是一个俯首听命的婢女。这正是科技的可悲之处：在其发生的时候是神学的婢女；在其发展之后，成为非理性的感性诉求的婢女。

181

没有什么质料不可以镌刻真理，迄今为止，所有的真理都意外地被人这种动物的手脚驱使和打倒。

人不仅要活，还要活得有趣和率性，真理之不可改变，在于在人的驱使面前，它之不可改变的是自己必须服从的本分。

182

禅宗的有趣，是因为禅把真理和每一主体相关联。禅的真理不可重复，俱胝和尚竖起一根手指是真理，但弟子只有被削掉那根竖起的手指之后他才能获得真理。

禅宗因此不仅是审美的宿命论者，也是生命的不可替代的审美的观照论者。

禅宗之伟大在于它提供了任何可能，并且能够被偶在之个体证悟。

183

与其说是女性诱惑着我，不如说是女人体诱惑着我。

男女在心灵上并无不同，但都彼此欠缺着。

男人和女人，各自用心灵守着半个灵魂，却只能用身体来彼此相通。

184

爱情在身体和身体之间，隔着光年。

185

我对人充满了厌倦，又不愿做一个厌世者。

我记得那么多因感受到世界而得到的欢乐。

因此，我只好以最简明的方式理解社会，譬如在猴子的种群中，当新猴王宣布诞生的时候，我恰在这一刻理解了人类。

186

一个具体和另一个具体一样具体，这就是奇迹。

这是我个人的说法。我的意思是说，经验到的事物都是平等的，而平等几乎总是不可能的，所以在人心之中，珍视自己的体验就是珍视别人的体验，世界太大，事物太多，每一处都是偶然的相契和赐予，对他者可能就是奇迹。我还想说的是，每一个具体的体验都是诗意的，就像这世界语言文字虽多，但妈妈和爸爸的发音却多数相似，这是多么诗意的事情，我们都用最相近的发音指认自己最亲的人。

人之能看能听能说，这些天赋的能力，使生命的奇迹接连不断，以致我们都忘了享用它。

生命虽然孤独，却是一大奇迹，生命之能动，允诺了我们太多的具体，哪怕我们在无数具体之中浑然不觉。

187

春天就是这样一种句式——你哭吧，你哭个够！
这可能是指的内心的春天。
我几乎总是在寒凉之中感受春天，虽说我一直尊重这两个字在文化中的象征作用。

我看到的春天总是平庸的，我被遗传的春天总是很有力量。
诗人命定要歌颂春天，这是某一文化传承所赋予的责任，当责任在某一具体经验之无能的面前，只好凭借虚拟的想象。

江南的春天总是藏不住雪，雪还没有完全裸露一个美女的皮肤，又合上了刚刚脱下的衣服，就像什么也没有看到。

传统南朝文人的经验是，春天的寒气停歇在深夜女性的皮肤上，被红烛照亮，自己的身心却被温暖了。

188

北大老才子张中行先生去世了。我对他的文字记忆最深的是坐在书斋之中，等待美女敲门的毕剥之声，这先生老实得可以，至老亦不忘男女之事；当然，也是顺生。官方新华社的消息颇有新意，文中有先生面临死亡之淡定的赞语，我读新华社消息不下万条，从未见官方消息中有如此逸笔，想来先生之德化人无数，不觉真情流露，颇可唏嘘。

季羡林先生赞张为高人、逸人、至人……还有一人忘了，且说从文字即知其人的，张为其一，余为鲁迅、胡适等，也是实话。张先生也明说自己怕死，但在自己的死来到之时，却不畏惧，不令人敬佩是不行的。

老先生喜欢玩砚，宋坑的好像不少，这些宝物，会落在谁的案头呢？

189

我记得在乡下的池塘边，时时看到池水因风而起，折出无数个数字一。

这一印象有时突然浮现，像是谁在用毛笔反复在毛边纸或者宣纸上涂抹黑痕，或浓或淡，堆积在一起。

现在多年生活于东湖边，也常看到湖水因风起浪，却从不浮现乡下池塘的印象了。湖水的微波，总是大如巨鳞，让我渴望看到湖水下突然跃出一条大鱼。

190

前些天我被曼德尔施达姆的诗作感动，他诗句中的路灯的鱼肝油让我想起已经去世的喜欢吃鱼肝油的外婆，他说的腮腺炎让我记起女儿前几年反复发作的腮腺炎。

我和他因为不同的原因痛在了一起。

191

所谓挫折，退后一尺，皆是滋养。
所谓得意，前趋一步，难免忘形。

这是明清道学家的句式，我竟然也可以说出来。可是生存的框架已大变，特别是近二十年来，资本的独白作为新知广被接受；前此是被标语压抑的厚重的民间。实际上，现在是民间在隐晦地温暖着我们。民间的能量大多来自明清以降的生活方式，浸润着圣人的理想、百姓自发的创制和无数死者渴望过的乌托邦。

我应该补充一句。资本的独白是一方面，标语的表面压抑是一方面，个人生存于这双重的变奏之中，所能辨认和确信的东西，实在少之又少。

192

他听到花开一声脆响
听到死亡来临咔嚓一声
我们指示盲人去倾听命运

荷马和左丘明用声音录下史诗
我们目迷五色　看到下弦月用左手遮住下体

193

闲来独上孤峰顶　月下披云笑一声
我曾经在茶山上望月
茶山太低　满山低矮的茶树构成我的王国
我站成了 1
但圆月让我成了 1 的零次方

194

你看到的是激情
我听到的却是暴力
接着，把锋芒指向自己

这里我指的是艺术的暴力
相对于它要反抗的更大的暴力而言

195

我不熟悉的并不是思想和入思的方式，人天赋的能力中，思想和入思方式都先验地存在，像生存的武库；我不熟悉的只是意识形态的诸多产品，这些经常被迎头碰上的陌生的产品。

196

楚人无畏。楚人经常是否定的力量，在否定中肯定。天下无事，便不是楚人的天下；天下有事，楚人就站到了前台。古语有云，楚虽三户，亡秦必楚。在哲学方面，老庄是治乱世和恢复国家元气的好哲学，考之历史，凡天下初定，政府必无为以休养生息，就得用上老庄；一旦政府有为，丢开老庄，不久天下又乱。所以，楚人大多是为乱世准备的。在政府稍稍想有为的时候，便有语云，楚人轻易，不可重用。其实，中国历史证明的是，政府只有无为，才是百姓的好时候。

197

人生天地间，作为一个有限的存在，犯错不可免，这是前提。所谓人生观，大概就是面对犯错后的态度吧。我个人简单的看法是：好的人生观就是犯错之后不再错上加错；恶的人生观就是自己明明也知道是错了，但不仅不认错，反而用更大的错误证明前错不错。

只是没有什么能让人对错误有所确知。

只是错误就算被体验也和真理相仿佛。

198

我日益拒绝系统化的知识，我看一个对象，都要像第一次看对象来看待它。

这是超越陈见和偏见的好办法。

每当我发现一个问题，其实是第一次观看一个对象，虽说这第一次总是迟了些。

199

要抓住它，把它留下，那个多年前开始伤逝的人。

它总是把生命浪费在无用又美丽的事情上。

它是他的影子。他是它的齐物论。

200

仔细想来，发展概念不过是资本和理性形而上学共同缔造的神话。我们在享受工业社会带来的文明成果同时，不断地排除异己，不断地否定昨天，人却成了被管理的奴隶，人性成了商品的别称，而发展，却像是悬在人头上的达摩克利斯之剑了。

发展不仅否定了昨天，也否定了现在。

我们每一个现在，都是为了……某某之发展。

这展示的是：属人的生活就是这样轻易被打倒的。

201

人是可以解放的和应该解放的吗？

解放多半是个假说，但假说时时成为堂而皇之的理想和否定现实的力量。

同样，人是可以全面发展和应该全面发展的吗？

我看这多半也是个假说。

我由此看到的是：欲望是怎样以理性的假面来诉求的。欲望都想成为上帝，或者成为尧舜，但经过理性之途被说成了解放、发展和可能的尧舜。

202

对人的认识里隐含着对人的理想。

试想，要人先认识自己的局限，人的意欲不仅不情愿，也不耐烦。

意欲指挥理性——你去认识可能的理想，而不是局限！

203

人总是生活在某地的，有一籍贯，这籍贯也可能在心理上漂浮和四处流动。

我现在不仅喜欢甚至是热爱"地方"这个词，因为它，我的生活才有了这么多抹之不去的"地方感"，恰如我混迹于普通话中的方言。

204

人皆有我，所以有他。古人说自处即他处，成己即成人，确乎一点不错。问题是人皆汲汲于借成己之名而毁己，昧于见己而敏于防他，终究无法自见。

这是寄身于社会的个人无法避免的。古人提供的一个办法是：无事此日静坐，一日胜两日。但现在连静坐的时间都没有了，个人被纳入社会的那个力量太大，实在无力抵挡那个巨大的引力。

205

个人必藉物以安身立命，这任何的有聊，无一不可视为枷锁。这正是社会中意义制造者的出发点，意义在这里画饼充饥、望梅止渴，但社会之进程证明的却是：意义通过运作，形成的却是意义制造者的霸权。

206

我从不关心意义是如何产生的，我对意义一直是警惕的。我关注的总是本然而不多出，恰在这不多出，允诺了体验，即本然无意义的体验。

形而上学者总是担心事物本然的样子，一物如是其所是，他担心的却是物被其所是窒息。

这恰是意义的土壤，好像意义永远提供的是新鲜空气而不是毒药。

207

意义不是知识，意义是个人体验出来而不是从社会中习得。

任何以社会名义提供的意义都是可疑的。

但知识就是知识，哪怕知识只是一种隐喻，也是世间最精确的隐喻。

208

真理是什么？真理就是数学等号后面的那个某某，但是，大多数人都倒毙在那个等号的路上，只有真正的成功者，才能走过这个等号的桥梁，得出后面的那个什么。

纯粹的真理，哪怕它再小，它一定在那个等号的后面。问题是没有几个人有力气走完这个等号的全程。

209

数学是有关这个世界的最清晰的隐喻。

210

只有当我看到土地中裸露出的大树树根时，我才仿佛看到来自冥界的客人。

相比于"末"的沉默，"本"有黑暗得多的沉默。

本和末在人的视觉中，其实一直是倒置的。

本在黑暗中悄悄成长，它们把地球抓得很牢，让引力和离心力达到平衡。末用阳光取暖，用雨水沐浴，用季风做运动，它的生活是审美的，它的感情是多变的；它好客奉献了水果，它发脾气赶走了鸟鸣，它不知不觉长成了材料，很像人生。但末有一个一直没有现身的本在支援着它的一切，它们本就是一体，但隔着阴阳两界。

211

被我反复使用的"力量"二字，我想其力量大多是因为我的重复，才显得更加有力。如果我不是那么喜爱用它，它必定无用地躺在我词典的垃圾堆中，等待另一个拾荒者，那双把它变成财富的手。

212

真理面前，人，没有谁不是道听途说者；如果谁说不是，那就立即诞生了一个伪币制造者。

213

诗歌是精神的喻体。

诗无达诂。诗歌之所以这样，本于人类精神本身的晦暗不明，本于语言除了要表达物，更要表达人的精神状况。

对于人的精神而言，任何"原文"本已经是"译文"。就像一个人，站在"人"字面前，他不仅无足轻重，不仅显得多余，而且不管在哪一种语言的"人"面前，他的挑衅，随时可以被当成一株小草被连根拔起，作为一个可有可无的生命被丢弃，相对于春天一大片茂盛的草地而言。

214

司空见惯，被我们理解为无趣。

但如果我继续说，司空是李绅，他写了一首《悯农》，孩子们都会背诵，但他这个人官不小，女人很多，在他接待江州刺史刘禹锡时，宴会上的女人让刘春心荡漾，使司空大人心生怜悯，晚上赠女陪睡。

那我们怎么继续理解"司空见惯"呢？

刘刺史睡后有诗云，司空见惯寻常事，愁煞江州刺史肠。此公怎么说也算厚道吧，一脸愧色，不忘领导赠妓之义。

只是我们不管是说话还是作文的时候，你在司空见惯的时候，司空李绅几乎是不在场的，这才是问题所在。

我可以把这四个字换成——这事儿太常见。这样可能更确切一点。

但汉语已经用它太常见，谁也没有理由责备用它的人；只是，偶尔寻觅一下司空的踪迹，或可在我们自己见惯不惯的地方，能有所个人性的倾注和关怀。

215

形上学允诺的是，任何时候任何概念所指为不变之同一。

或者这可以说是形上学的梦想。

真理不仅是普遍的，还是共时的。

其实我一直敬佩这样的理想，我也一直认为这理想只有诗歌才能达到。因为它总是不可能达到，在任何时候都不可能不变和达到。

216

在场一直就是特权。

形上学就是在场的形上学。

真理任何时候都是在场的逻各斯。

但俗语总在说：心不在焉！

217

有一首诗　可能只有到了
我满头白发的时候才能写　只
专注地谈美　其间不夹杂
任何发烫的欲望

青春真是太奢侈的东西
奢侈得不知道如何去浪费
不是被美折磨
而是想都没想　就要去毁坏和占有

218

博德尔说，智慧先于哲学。他还说，对于现代人来说，我们自己为这样一种洞见赋予特权：没有未来。

后面这句话让我想起古时高僧临睡前，把自己喝水的口杯倒扣起来，因为他随时准备喝不上明天的那一杯水。

从哲学再往前走一步，回到更朴素的智慧，也可以说是另外一种洞见：随时准备没有未来。

当然，这不是特权，是生活自己的事情。

219

佛教征服了中国，但中国没有变成一个宗教社会；马克思主义征服了中国，但中国不会全盘西化。不管怎么说，中国社会是个自生的社会，其文化自成一体，迥然不同，它有弊端和缺陷，但我们不能抹煞其对世界历史和文明的贡献，以及正在做出和将要做出的贡献。

220

我的悲痛在于，我是活着而目睹亲人的死去。

我的悲痛还在于，我时时会遗忘人皆有死。

221

他把成长过和寄住过的遗骸留在我们面前。

就是灵魂走了，它曾寄居的遗骸仍然这么美！

222

死让我感觉到孤独。

223

我在这个世界上行走，我是真实的和完全的。但这个我同时也是祖先的"译本"，父母是我们最近的"原著"。

224

人的有限是被赠予的，实乃上天恩德；也恰因这生命的被有限赠予，从而得以分享延绵和无限。

225

满眼繁华揭去后，世间多少可怜人。生之残酷是本有的，我们的青春都是坚硬的石头，我们的内心在老去后会成为精致而仍不失坚硬的沙子。

226

雅斯贝尔斯给我最大的启示是：有限之生和虚无之寂并不毗邻接壤。

我感觉到断裂和冰冷。

还有比必然性更冰冷的相隔，是有限之生和虚无之死。

227

我已经很多年没有见到过彩虹，在雨后的天空；我寻觅过多次，天空给我的，仍然是阴沉的面容。

这体制一样的面容！

这让我同时想到，从最直观的角度，一个好的体制，最少能够同时有七种颜色，就像彩虹在天空所能呈现给视觉的样子。

228

与友交而能无所不言且不为耻，方为至交，乃至摧肝裂胆，方为友道。

229

就日常而言，没有谁敢言解脱。

不能解脱，就只好摆脱，嗜欲者突然的抽身而出，就摆脱得很漂亮；不仅漂亮，而且有大勇。

230

我们在很多情境中遇到的一句话可能是：我欲医之而无此药。

这么多带着疾病生存的人，他们找不到自己的可能之药，不得已只好如此而已。

别的文明可以也给毒药，我们面对的只是无药的宁静或呆滞的无奈。

231

生活更多教会我们如何使用牙齿，我自己应该多理解如何使用舌头。

232

我有一个基本的立场一直蕴蓄在我的言说之中，那就是：所谓进步和发展哪怕它们不值得怀疑，也值得警惕，之所以这样说的关键在于，在人的生存面前，在自然和人之间，任何进步和发展的得与失之间基本上画上的是等号。

233

蛙声好美啊！

它们鼓动声囊发出的声音，让我仿佛看到涟漪不断扩散的圆纹。

可回想初春时，它们是一个个黑黝黝的逗点，在水的弦中飘飘地浮动，默默的。

这么快它们就有这么巨大的声音了。这成长的力不仅值得惊奇，还值得享受。

234

朱熹斥"老子心最毒",道理充沛。

但这并不证明朱熹不毒。

就南面之术来讲,老子是相对高明的政治哲学的方法论。

235

庄子的梦幻是蝴蝶,很美。而庄子的个人生命呢?

依我看,他的个人生命是他笔下的一群野马,也是他体内的一群野马,略一跑动,天空便为之变色,现出尘埃无数。

这些野马,反抗的是伯乐的那有尺度的一瞥。

236

子贡曰:"贫而无谄,富而无骄,何如?"子曰:"可也;未若贫而乐,富而好礼者也。"

有此铺垫,恰好理解为什么在社会中奔忙的孔子,为何在个人生活取向上认同曾参——吾与点也。

孔子个人在社会中虽不成功,但没有谁比他更理解个人在社会中应该如何。

237

冯友兰先生有"人生四境界"说——自然、功利、道德、天人。他并说境界和知识关系不大。如慧能,本不识字,后来识了些字,料想文化水平高不到哪里去,但境界却高过了几乎所有识字者。

用冯先生自己的人生,也证明其知识不错,如不是他与时俱进,参与批儒扬法而被讥为"失去自我",其境界最少也该到了道德。

冯先生有一联我是极喜的——开旧邦以辅新命,极高明而道中庸。可是,在我看来,先生辅新命是做到了,却无法开旧邦;先生极高明是不用说的,但道中庸就很有疑问。

我的困惑是：依冯先生所说，我觉得在功利和道德之间有一道铁门限，大多人就跌倒在这里了，就像中华鲟跳不过葛洲坝，只能撞伤甚或撞死在坝基上；学问如冯先生，都不免功利，可见道德、天人之不符合大多数人。

超凡入圣，想来只是宋儒的理想，却没多大实际可行性的，但当年读到陆象山的"不识一字，也要做一个堂堂正正的人"时的那种振奋，仍隐然回荡于胸，不可否认那是一种崇高的人文价值。

所以，多少有些困而惑之。虽说如此，我还是倾向为更多人设计的道德，也更倾向在理想的道德实现之不可能面前，不如回到自然之素朴，从功利中抽身而退。

238

对于一个普通的中国人来说，所谓现代性和后现代性不过大学教授的高头讲章而已；对于我这样的知识老青年来说，关联度也极低。在我眼中，现代性代表了资本主义的上升期，但内部诞生了极权主义和法西斯主义，是极不完善的；后现代性代表了资本社会的全球化时期，但又一手制造了霸权主义和恐怖主义，也很不完善，终究是资本社会发展的不同阶段，区别不大。

因此，资本不可能轻易在全球获胜。和谐的、多样的、公平的地球村尚在途中。资本呢？当地球上所有人都不因吃饭而奋斗，不因饥寒而忧欢的时候，最终会守住自己手段的本分，成为生活的一般性基础，就像空气那样，很少被关注。

239

不可否认，风景艺术是性感的，甚至是有性别歧视的，但这并不是说自然也是这样。

在我们的教育中，自然是女性化的。我们小时候写作文，动不动要去开垦这个处女地和扬起那个处女航的征帆；就是女生，也动不动这样写。

我感兴趣的是，日常生活中，男人是多么地习惯沉默，女人是多么地喋喋不休，但男性话语怎么就历史地拥有了统治地位呢？

所以，事情也不是那么简单。这里我想起黑格尔主奴关系的辩证法，可以作为性别话语的一个参照。就是说：男性征服，但女性纳入，这历史的互动本没有什么胜负可言。

240

今天突然找到了一个适合自己的称谓——
中国内陆的一个知识老青年。

241

我的好奇心太有限，总止步在寻根究底之前。

242

文明的力量值得警惕。这可以认为是庄子的呼声。

我每每看到一种企图，就是欲把文明的力量控制住，使之不发展为暴力或者灾难的企图。

我认为这是极端可疑的，因为这企图本身就允诺了暴力。

243

每一株植物，都在默默对抗着植物学。实际上，植物学对任何一株植物，也从没取胜过。

植物学和类似的东西，不过是人看世界的一面面棱镜，有用，但不解决根本。

244

恩格斯说："但是我们不要过分陶醉于我们人类对自然界的胜利。对于每一次这样的胜利，自然界都对我们进行报复。每一次胜利，起初确实取得了我们预期的结果，但是往后和再往后却发生完全不同的、出乎意料的影响，常常把最初的结果又消除了。"

哲人终究是哲人。

对进步的局限的洞察，对人和自然的紧张的洞察，虽不能阻挡人的发展冲动，但这种声音必须留存。

也许劳作和实践转换为技艺和体验之后，世界历史才能返回它的原点，此原点类似莱布尼茨所谓的"前定和谐"。

245

我摸到的是大象的鼻子，我怎么可能言说别人摸到的腿呢？人囿于一时一地，能言说的不过那一时一地，别的，大多是听说。

听说的东西，是知识。如果知识不能在这一时一地被我之日常践履，此知识亦即虚妄，也就是说，我所掌握的，必须是已然上手之知。

通过听说，我看到了大象的图像，也理解了别人所言说的大象之腿；而这终不如我坐在大象上，和它一起生活。

246

我反对暴力。

这话看似清晰，但大有问题。它很容易让别人理解为：我反对任何形式的暴力和所有的暴力。

仅此一句话，就证明了分析哲学把语言本体论化努力的失败。比如，维特根斯坦说，语言的界限就是世界的界限。此话精彩至极，但明显错误，想把本体论简明地搁置于语言，但这不过是微缩模型式的做法，功能有如一个隐喻。

庄子是不这样的，他一直在工具的意义上理解语言：得意忘言。

意并不绝对，但可得。意义和知识一样，生有涯，知无涯，人如努力，都不过以有涯逐无涯；但人在言和意之间，意可暂得，言可弃之。

回到我这句话，我可能得这样说——我反对暴力，但这并不表明，我反对兴趣相投的人用暴力获取性快感。

247

突然想起读书时自撰的一个联语：极微而无蔽，穷大以有居。记得还用北碑体录下，赠了一位儿时好友。

现在想来，书生意气的确可爱。

当时撰此联时，极微穷大，从张载处得来；无蔽有居，又来自海德格尔。不过，张子也是说过无蔽的。学人内视，见人之所未见，听的时候，仿佛瞎子，看的时候，仿佛悟空。但是，我后来终于明白，学人如不回到日常，纵有此见此听，亦不过痴人说梦，一个小小的身体，自命不凡的结果多半是侵略了他人的权利，或者损害了个人日常生活中本有的权利。

一个少年即如此，是多么不幸的事情。所以我一直反对儿童读经。

宋儒的道德勇气，历史地看，更多禁锢了人之实践的可能性。

也就是说，与其让一个少年过早地戴上有色眼镜，不如听之任之其生之本然，那展开的生之实践，都是新鲜的第一次。

248

动物性成熟后皆有发情期，发情期前后则浑然不觉有何性需求，相比于成人，要简单得多。

为何成人一年四季都是发情期呢？人性区别于兽性，在性方面需索不休，就像在其他方面也需索不休一样。因此需索，人反而失去了动物的简朴宁静。较之人性，我更对兽性保持着人性的敬意。

如某人指斥某人禽兽不如，我想到的却是，这正是人之区别于兽的地方，人早就不自然了。

249

生活是什么?

还问这个问题的人,除了少年,还有几个?

和我生活在一起的,无不是物象:自然、机械、人、建筑,还有死去的亲人和时间。

满眼皆色,委顿者众。

物象的后面,空,在守着我们这些生活过的兔子。

250

在这个时代,个人除了被击中后发出一声闷哼,还能做出什么反应?

251

诗人很容易就成为一个不自觉的语言本体论者,他外溢的感性没有收回,因趣味而失去了反思的能力。

252

读一个诗人的诗作。我清晰地知道他写的是哪一个地方的哪一件事,可他洋洋洒洒写了一百来行,也不见其地,偶有其事的鳞爪,无休止地东扯西拉,让人郁闷不已。

学者化的诗人,最大的弊病就是忘了直接面对。他的路途太远,已无力抵达当下。

因为,他总在按其尺度写作,博士卖驴也不过如此。因为有尺度,所以必有裁剪,有如龚自珍《病梅馆记》中所写盆景梅花。

如此,诗歌一定也会盆景化了。

其实日常生活早就在告诉我们:在一把尺子边上,一定有一把剪刀。

但我们的博士诗人,固守着人本位的尺度,不理解事物被剪去后的疼痛。

253

世界在我直观到它之前，我已经在母腹中倾听过它了。

母腹是一个小世界，相对于出生后的物象世界而言。

现在我突然体验到了这两个字的深意：世即界；在世，即是在界限之内，也就是在局限之中。

拥有在世这样一个界限，生之赐予也，可以大悲欣，可以大吞吐，可以鸣唱如鸟：发声，飞翔，然后复归于野。

世界——在世于界限之内。

254

庄子是漆园小吏，楚国漆器瑰丽，由此，也可见为何庄子的文章写得那么绚烂；他对技艺的体验多少和漆、漆器有点关系吧？

但庄子还是弃职不干了。可能正是因为漆器的瑰丽，让他想起木纹本色的朴素和天然。

文明如漆，人身如木，庄子正好站在了两者之间。

所以，庄子让其文呈现如漆器的瑰丽，却意指着木体内的文身。

他并没有完全否定漆的作用，因为制造，就是技艺的自由。但是，比较起来，庄子还是更认同木能完成自己的生长，完成其天年。

再精美的漆器，和木自身的目的没有任何关系。

255

与谁为敌？

这可能是所谓的公共知识分子的问题，就像葛兰西和卢卡契在寻找敌人、划分敌友。同样，施米特说得更直接——政治即划分敌友。

公共知识分子，听起来和公共厕所差不多，只有像哈贝马斯那样坚持启蒙理性的人，才坚持这个所谓的公共领域，一个有清晰敌人的领域。

的确有一帮这样的所谓知识分子。他们中最不动脑筋的，是与体制为敌，与政治为敌，却忽略了自己这种行为本身的政治性。试想，以自身行为的对政治的肯定，却又把政治表现为反对的对象，这不过是以子之矛攻子之盾了；其诉求的，不过是另一种升级版的政治。还有的，与文化和风俗为敌，这种人从来自有，敦风俗，正教化，过去是儒者之行，现在是科学或健康生活方式的提倡者，破坏在先，建设难料。

我的看法是，一个不曾与自己为敌的人，是一个永远也找不到敌人的人，哪怕他在大声反对自己所谓的敌人，比如体制或者风俗。

在启蒙理性支配下的所谓知识分子，都是一帮以为真理在自己手中的人，自认为只有他们的方案是合理的、正确的，他们拥有有关世界和生活的真实尺度。但这不仅是偏见，更有如梦呓。

人为了生活，与自然为敌，与他人为敌，与异质的文化和社会为敌，这是人的自然冲动，人就是这么生死绵延过来的。正因为四面皆敌，所以也有人憧憬大同。

大同的理想看到的是：因为有生，所以有敌，小到个体，大到民族国家，因生之利益而斗争、侵犯、掠夺、合作、共谋、分享、妥协，交融共奏，得此世界。这也就是所谓的交往理性了，但这不过是换了一种形式的分赃理性。

在可能的意义上，因生之本身的肯定、否定和绵延，世间本无敌人，众生一本自然。但问题总是：最少有一个人，他要求的，总要比大家多出一些，并把它粉饰为文化的或者有价值的。

我的看法就这么简单，那第一个有自己敌人的人，一定是全人类的敌人。

敌人，恰是从他那里生产出来的。

我还想说的是，大声反对自己敌人的人，都是非常可疑的；因为这个人，可能不久就是大家不得不面对的一个敌人。

256

不知不觉，我的怀疑论深入骨髓。这并不是说我反对生活的基本价值，我怀疑的部分主要表现在，那些表达这些基本价值的关键词，以及它们被说出的方式。

其实我更想说明的是——只要是在生活，大多是生活在价值之中。

故而，我这深入骨髓的怀疑论是多么混乱，但又多么真实，它竟成了我的生活方式。

257

生活这两个字，我从未来得及充分言说它。它一直作为底色在被使用，已然是一种设定，当然也是常识意义上的设定。

但如果我要言说它，就必须得加上社会两个字了。

但我一直另有期待，我一直在想象自然本有的生活，比如植物，比如蝉声，天地万有，无不有生，它们的生活，和我看不看到没有关系。所以，我对生活又得补上两个字，自然。

我一直就穿着这件到处是漏洞的百衲衣，我补不胜补，我言说再多，补充再多，还是不能颠覆生活这两个字。

258

王朔有知道分子一说。

我却想，如果我能知道，就太好了。

道，是路，也是说。

道即是说。

在道路上，也就是在言说中，就是知道。

259

老子说，道可道也，非恒道也。

按照老子，如果说出了，即不是了，常道拒绝被说出；道可道，也可以理解为践履，可以走上去，但又不是大路。

现在我说道：因一个身体的规定性，使道说或知道紧缩为一，如此表述差相仿佛。身体即为——，也是老子之大患，一走出去，就是一条路了，但是一条小路，太直，但又太全。

道不是一，一只是道的某个影子。叩虚无以责有。道象零那样圆满，不增不减，一，恰是多出的那一个。

260

我的出发点，是汉字。我把每一个汉字不仅当成一个意象，还当成一个事件，甚至是一部小说。

也就是说，我的出发点不是现代汉语的句法。

我在汉字的基础上，再来区分文言和白话。

261

民智未开。素质偏低。

这八个字相距一个多世纪。

前四个字，我读近代史时经常遇到。后四个字，我读党报时经常遇到。

它们，就是在中国延续了一百多年的，一个基本的意识形态。

所谓精英的意识形态。丧失了文化自信的意识形态。彻底否定了自身文化传统的意识形态。

知识精英在一个世纪前说，国人民智未开，需要启蒙。

知识精英在我的少年时期开始说，国民素质偏低，需要启蒙。

人到中年的我，发现需要反思的，恰是这种精英的独断和鲁莽。只有在自己能够进行独立思考时，才发觉迄今为止的所谓精神生活是多么不幸。

我仿佛看到自己从小到大的过程，就是不断地被知识精英启蒙的过程，不断地劝服去读新的汉译名著的过程，不断地被指导为转换知识范型的过程。

因之，我的生活经历告诉我，如果大众都能立起个我来，大可不必理会那些所谓精英新鲜出炉的知识范型。

拒绝之，就是拒绝被启蒙。
拒绝之，就是用我的目光看我的世界。

262

一个多月以来，我反复试图表述一种想法，现在我可以这样说出来——
我们不仅和伟大的死者生活在一起，也和所有生活过的生命活在一起。
它们是草木，是星月，是建筑。

263

突然想到废名，这个黄梅人不是一般的可爱。
周作人说他貌奇古，那意思就是说他长得极不通俗，有如庄子笔下的人物了，比如混沌。
此人文好，诗一样好，列身周氏门庭绰绰有余。
最有意思的是，他后来也不写小说和诗歌，只专心去做《阿赖耶识论》，惜稿无缘得见。此识主宰的是投胎轮回，不仅今生今世，生生世世的善恶业皆浮现，说的是此世弥留的时刻。
搜到两句废名有关此识的话：眼识耳识鼻识舌识身识意识都如流水之波，而阿赖耶识如水流。阿赖耶识断，即种子心断，于是心不是生起的心，不在因果之中，便是"真如"。

在他，这也是先行到死吧？据说，《阿赖耶识论》是为破达尔文"进化论"而作的，兼订正一些熊十力《新唯识论》中的谬误。把这两个理由并在一起，那更不是一般的可爱了。

此人如此执着，他可能也真的搞清楚了阿赖耶识，可惜那个目睹他死的人在哪里呢？

废名死时，如认同他的阿赖耶识，必护持接引。此人不接，更接何人？

264

有一个值得用泪水来爱的人，是有福的。

如果世界上还有人可以让你流泪，并且感觉到爱了，这多好啊！

265

读到叶芝一句诗——美死于美，价值死于价值。

两个死字，也说的是生的秘密。

依此句式：花朵死于花朵，爱情死于爱情……

历时。绵延。循环。生生不已，死死不已。

在此基础上，可以理解庄生的齐物我，一死生。

可以理解禅师朗吟——色即是空，空即是色。

更可以理解如弘一法师这样的大德高僧嘴边的微笑，同抿悲欣。

266

诗人的使命，就是尽一切可能，使存在出场。这有如引蛇出洞，蛇出现带来的警觉，疗救的，正是我们使语言沉沦在日用中的疲倦和麻木。

267

以思想担负起诗的使命，和以诗担负起思想的使命，古已有之，比如老子和巴门尼德。但世界变了，现在也许只能和本雅明一样，能做的，不过草草记下。

268

按照卡夫卡和本雅明的美学，不仅要说出人类生活的普遍实质，而且要"在最自然、最堕落的官能性质上，说出个人的自传式的历史性"。

我认为后一点是本分，而欲去做第一点，即说出……的普遍实质，多半有如形而上的梦呓了。

但不少人习惯上这样推论，并可以如下表达：

只要……说出个人的自传式的历史性，就可以说出人类生活的普遍实质！

在这个陷阱里，埋下的人太多了。

269

天下文章一大抄，此话大致不错。

在抄袭中，有一种我们习焉不察的抄袭，且这抄袭是我们所有抄袭中之最伟大的，那就是书写汉字。

我书写，我无法避免抄袭汉字。

我由此理解了为什么本雅明想用引文写出一部杰作，理解了中国古代的诗人在一起雅集，不用原创，只通过集前辈诗句，一样可以吟出精彩绝伦的诗篇。

270

时间不过是回到了波德莱尔。

它选择我们，

在中国独有的文化气息中，
做一个发达资本主义时代的抒情诗人。

271

年迈的博尔赫斯，
在日本手抚汉碑。

他的手指深陷在石质的汉字笔画里。

我想他只是印证一下，
他老迈的手，只要伸出来，

无一不是铁划银钩。

272

把目光停在围棋上。

如果天黑了，
天地就是那粒黑子；
如果天亮，
天地就是白子。

无止无休的黑白对弈，
因为它们都是星辰。

273

　　博尔赫斯说，语言是一种传统、一种感受现实的方式，而不是各
种印象的大杂烩。

此话说的倒不是什么语言观，而是一个老人对语言的生命体验。吾当以之自警。

274

有人喜欢说糖果，津津于它被提炼出来的甜。

我习惯说清水，和它自然的本味。

趣味上面无争辩，它们应该是平等的。

275

有人擅长操作文章，有人擅长书写句子，我擅长一个一个地写字。

我的确喜欢这种手工，雕塑出汉字的立体感，唤醒汉字里死去的生命。

276

我不知道尼采所说的"上帝之死"对大部分中国人有何意义，但最少"上帝之死"这四个字，早已被我们的学界过度言说了，仿佛这是我们真实经历的历史事件和心灵事件。

我并不怀疑尼采，我也似乎理解他用意志进行自救和救世的努力。

可能就在尼采宣布"上帝之死"的时候，大搞洋务的曾国藩栽在了天津教案上，不得已用他的"挺"字诀。

我也见过很多教民，在我的老家，有天主堂，1980 年代初，我同学的奶奶就在我们面前宣扬过上帝之教。2006 年初，我父亲得癌症时，我四婶的母亲，带着一大群老女人，在我父亲床边祈福，我记得我父亲在床边微笑着接受了。我的朋友中，有信教者，还有伪信教者，但我从没有想过信教。当我在读林语堂的《信仰之路》时，我觉得此人实在荒谬得可以，在他的书中，信教好像是逻辑地可以导出的；虽说我并不反对他个人信教。

我还有朋友现在美国读书，上宗教哲学的课，把上帝是否存在作为作业来做，可见在西方，上帝之死远没有被接受；在中国，上帝之教还在普及中。

那是什么力量，使尼采有关"上帝之死"的言说在中国变得这样有力呢？

我想可能是源自 20 世纪 80 年代中后期的思想启蒙的缘故，那时有大量的尼采著作被译介。

那是理性的言说，只是生活的一小部分。

经此，我对那些咿呀学语的学人，失望至极。

在我，我知道尼采用疯狂证明了他的真诚和困境。

最少，我还没有在中国学人中，看到有一个像尼采这样真实的心灵。

"上帝之死"最少是在尼采个人生命的意义上被体验的。

277

上帝之死及所谓主体之死，是西方思想史上的真实事件。

但在中国，这是伪事件。

中国如云贵之山，一山有四季，但不见上帝，也不见主体，只有不同的土壤和动植物，它们都指向着一个字，那就是——生。

278

世界是生命的界限，在这个界限内，谁都可以用自己喜欢的方式言说它。

279

对艺术，我几乎没有任何追求，我想做的，不过记录。

280

一只鸟，栖在一棵树上，就是家了。

281

我一节节写下句子，每一个句子，都像维特根斯坦面对波普时的拨火棍，只是还没有烧红它。

282

维特根斯坦取消哲学的努力，应该说是错误的。

但他的建设性在于，给了知识学一个清晰的废墟，或者说牢靠的基础。知识学说可说之说，确实、简约，无数个等号构成的桥梁连通成一条大道。

但这并不剥夺形而上学家和诗人说不可说之说的权利，这种权利和知识学的清晰一样重要。

不可说之物，抽象如零，具象如球，内部都是黑暗，是玄，玄之又玄，但它无时不在人的生中滚动，可以被描述，但不能被认识。

说不可说，是生之本有的需要，只要有生，就有内心的黑暗需要被言说，虽说总也说不清楚。

283

我几乎不穿时装，包括语言的时装。

但这并不意味着我的取向是唐装，或者明清装。

这也并不意味着我反对时装设计师或语言的再生产者。

我只是想用衣服两个字理解衣服。

当然，这也说的是，我不能通过时装来理解时装。

284

也许只要开口，就不免带有巨大的偏见和局限。

避免不错的办法，可以像金斯伯格，他来到加州的某家超市，他很饿，他来购买意象。

285

我想寻着飞鸟飞出的轨迹飞回去。

这一条道路是觅食之路、求偶之路、回家之路、歌唱之路、生命展示自身之路……

没有行为是不合目的的，没有歌唱是蓄意的，没有飞翔是被指定的……

最有意思的是：几乎没有任何主观性。

286

那我最认同什么东西？有无实现？

就是那些最基本的东西，比如：

爱、感动、美、自然本身

因呼吸到空气突然满足无比？

287

我认为，现代主义美学的谬误之一，就是文本自足论。它设定文本是一自足世界，并且可以被逻辑地解释为自足的。

在这里，我宁愿选择德里达，文本不过是书写后的痕迹，可以擦掉，也可以重新书写。

288

邓晓芒先生说：其实，我学哲学就是要自觉地使自己成为越来越纯粹的人，自觉地抵制一切使人动物化、物化的影响。

他学哲学，只是为了"成己"。而我们在社会中，学习的目的，却是为了成才。幸好社会还能够接受个别不愿意成才的人，让我们在成才的途中有所参照。

才者，材也。很清晰。庄周取材与不材之间，更多有一种不得已处，能在残酷的社会中，成为一不材之材，是要舍弃不少东西的，是比较后的一种筹划，或被逼做出的选择。

所谓成己，简单地说就是成为我这个自己。这多像一句没有意义的话，但这一无意义，却保证了生出真义。

"成己"不是成为主体，主体是占有的、控制的；"成己"是成为个体，是自满的、和谐的。这样的个体，实现的，却是社会真正的目的。

成才的人，多半被社会作为质料，用过了，就废弃了。

289

巴门尼德把存在执着为"一"、老子的"道生一"中的"道"被更多地解释为"无"，我认为从这里开始，中西方思想方法的巨大差异得以呈现。

西方把巴门尼德推进了，在"一"的基础上继续前进，有多，而复归于一。老子被后人进一步后退了，退到了无；无生有，有据于无。

佛教有"非有非非有"的说法，但无人清晰地阐释这种说法的深意，虽说有高僧大德能够体验和证悟。

但巴门尼德和老子是站在同一起点上的，巴把"一"设想为一个球，老子把道设想为玄之又玄的众妙之门，在用语上，他们的意象有相似性；所以，在这一起点上，我把他们共同的出发点，可以设定为"0"，即零。

而零，就是佛教所谓"非有、非非有"。

如果不退到无，不返回一，零就清晰地出现了。

290

恩培多克勒告诉我两种力量——爱与憎。

爱让事物相聚，憎让事物相离。

爱在内，憎在外。

但憎会把在内的爱赶走，让爱无处藏身。

我想，可能就是因为：爱是可以不断被掠夺和入侵的，直到被消耗殆尽。

291

万法归一。形而上学主要错在这里。

有此一，必有彼一，还有多一，一因有多，故守不住一。

——必相斗，以争一，争一的目的，是归此一，而不归彼一。

这就像俱胝和尚，以一根手指示道，在他，肯定不错，是用生命得来。但他的行为，不知觉允诺了弟子也伸出一指，虽说此一非彼一。所以俱胝愤而去弟子之指。

如果我是俱胝的弟子，我会伸出大拇指和食指圈成的零，以应答他的一。

因巴门尼德道出了一，不知觉允诺了后世所有形而上学的一。

如果形而上学从开始处即守着0，可能处境要好得多。

292

0是一纯粹形式，空无，但却是万有的边界。

293

我说话，他说话，我们一起说话。

但话隔着事物。我们共同用声音触摸一种不可能。

294

范畴即是暴力，因为范畴是划界，任何划界就是分裂，只有依靠暴力，才能实现分裂，亦即是说，暴力是范畴产生的途径和手段。

0 也是一范畴，只是不巧它在有无之间，因为非无非有，它就算有暴力，也是所有暴力中最小的，或者说是一种空的暴力。

295

0 应该是形上学最高的范畴。

0 比老子的道和巴门尼德的在与思更清晰一些。

0 是无的有，有的无，是存在，是虚无，是思的界限，也是思的可能的界限。

0 从未静止过，众多的 0 交织，成了运动的星球。

296

0 是对于言说的没有言说的言说。

因之，它允诺了任何可能的言说。

297

总是在被外物击中以后，我才不得不言说它，比如那个叫时代的外物。

我现在知道，我也生活在叫作时代的那个零中。

298

知识再多，但它并没有告诉我，是谁赠予我呼吸的能力。

299

陈鼓应先生说，庄子不像老子，他不对统治者写谏议书，他不对统治者说话。

在庄子的起点处，不知道多少人已经投河自杀，比如屈原。

300

考之历史，屈原不仅是中国历史上第一个大诗人，也是在空间上离我最近的诗人，还是最本地化的诗人；他用楚语作诗，记录楚地民歌，这都是我倍感亲切的地方。但还有渔父，他只出场一次，历史就牢牢记住了他，他没有留下文本，只留下了几句话，但这短短的几句，足以醒人醒己——沧浪之水清兮，可以濯吾缨；沧浪之水浊兮，可以濯吾足。屈原是一个类型，渔父也是一个类型。屈原死得其所；渔父乐得其所，白发渔樵江渚上，惯看秋月春风。这都是楚人性格的一部分。哲学、诗歌、艺术、漆器、丝绸还有宝剑，在楚人所有的造物上，都有华采文章。

301

人并不因为意志自由而可爱，人因其局限而可爱。

302

物象在进入秋天以后，会露出体内的骨头。秋天在做减法。
但我感到有些东西破碎了，有些东西在压缩，并且凝固。

303

现实总是新的，因为只有现实是存在的，我这样想，现实是自明的当下支撑。

304

另外，我似乎很少注意过天空的辽阔。

305

朋友说，天空的颜色你喜欢吗？

我怎么说呢？天空更多是我直观到的虚无，虽然它走过云的白、阳光的金黄和月光的秋霜。

306

我触摸到的宁静是一块硬铁。

307

我担心我们尚未摆脱威权，因为我们还信仰语法……

308

我完全有理由相信我的感性，尽管它可能错误，但从不说谎。

309

每每和岩石相对，我都能获得力量。
或者说，我喜欢从安静之物里获取安静的重量。

310

心脏可能是人体内最重的一块石头，
和大家一样，我用奔流的血来冲刷它。

311

艺术被形而上学化了以后，艺术就一直作为否定的力量被辨认。
艺术否定当下的生活，与世俗有着不解之争。
艺术似乎在说，美好或者正当的生活，似应如其呈现。

但我同时感到，这不是中国式的思维。中国思维的一大要点就是：
艺术几乎从来拒绝被单独形上化，它固守在生活之中，不仅在手边，而且逐步进入体内；同时，这个行进的过程，和形上并不相悖，如果你愿意从形上的角度来看待它的话。

312

被形上化的艺术有如天堂，有一条分明的界线阻隔日常，是阻隔的河流，可望但不可渡。

它可以在日常被期待，但绝对珍稀。

它有，但总是不在。

313

中国思维的艺术，说的是有，是对现世之肯定，或者说，肯定其为好。

314

也就是说，在肯定的基础上，中国思维的艺术获得了起点。

315

艺术因此成了说有的技艺，或者成了表达有的艺术。

这很亲切。

不在的东西，可以被表达为颠倒梦想，此梦想不在俗世，但我说出了它如何不在。

这一部分，是作为局限而被体验的部分。也可能是作为宿命或者命运被体验到的部分。

316

侯外庐等先生在所著的《中国思想通史》（第一卷）中说，我们翻遍了卜辞，没有找到一个抽象的词，更没有找到一个代表道德智慧的术语。

我想，这里或许有中国文化和艺术的真正秘密，这个秘密就是：中国文化在其起始处，是在场的文化，拒绝一般和抽象；中国艺术在其起始处是制器的技艺，没有纯粹形式。

317

中国文字，成熟于甲骨，字数和我们现在日用的汉字差不多，近四千。甲骨文只是日常生活的图画，刻画着殷人的希望和恐惧。

318

如果总能拒绝抽象，不仅汉字，这世界也会有趣得多。

319

在甲骨文中，除了人，有三项内容是经常出现的——时间、空间、数量，它们来源于神的引领。

除开神不说，在日常中，除了这三项内容，似乎也的确不需要更多的什么。

而神是祖宗，是伟大的先祖，他是帝（蒂），如花朵的根部。蒂是花的起源，所以，花向蒂祈祷。

后人求神降命，我觉得自然正当，从起源上说，本来就是蒂决定了花朵的一切。

320

汉字，而不是汉语。我喜欢汉字对物象的描摹，对行为的还原。

汉字挺行为主义的。

而现在少有人发现汉字本身的生命了，它们像高速公路上的沥青，在句式的围栏里，被语义一碾而过。

321

不过，现代汉语再抽象化，都无法斩断曾经的象形。

正是有这个直观的尾巴，让我们可以有所零星之发现，不仅找到了自己，而且还理解了数千年前的祖先的生活，我们共享情感、理智，没有越出方块字的边界。

322

理性是有阶级性的。资产阶级在其上升期，理性是他们强有力的武器。这一点，在黑格尔哲学中，可见一斑。

只有理性完成自身，世界历史仿佛才有可能。这是黑格尔的调子。

但按照黑格尔的句式，绝对的理性导致绝对的非理性。他的哲学已蕴含了否定自身的力量。

黑格尔本人，则像一个勤勉的新教徒，赚足了理性的银子，却陷入自我挖掘的陷阱——在理性名义下的扩张和贪婪。

这恰是资产阶级的逻辑。

323

资本的逻辑需要理性。

理性删除繁冗，以效用的有色眼镜看待一切：凡不利于发展和增值的，皆可抛弃；凡有利于发展和增值的，必须运用。

324

理性是什么呢？理性如缰绳和鞭子，在需要止步的时候用缰绳，在需要加速的时候用鞭子，有如驾驭。

但理性从来不是那匹可以奔跑的马。

325

所以，理性更多是工具意义上的理性。

没有理性，就没有科学。科学又似乎一直是理性的缰绳和鞭子。

科学总是被人称为"双面刃"，这似乎也在说，科学只不过是一把能被不同的手运用的快刀。

326

我一直怀疑发展，是因为我不想陷入理性的狡计。

327

同样，我也怀疑宗教。

我没有看到过不排他的宗教，也没有看到过不掠夺的宗教。

328

无处不在的暴力，不仅不可理喻，而且无所可逃。

329

生息。

这个词是汉语思想的精华之一。

庄子：生物之以息相吹也。

汉代黄老政治：休养生息。

有生，不可避免要占有，甚或掠夺。有息，或有宽容，有宁静自足。

生息可以在一个词里先平衡起来，虽说在人的生之进程中，从来没有安静过。

因为生和息都无法避免，所以，不如它们也在一个词里紧张着。

330

庄子放，但是能达。我们后人放，却不着边际。

庄子的难度还在于，经过接二连三的动荡、丧乱和贫穷的击打之后，他还能一如既往地体验生命，枕骷髅而眠，发现道在屎溺之间，赞美万物，肯定生存，理解死亡……他活动的身体，似在表明，政治、暴力、欺骗等等附加于人和社会之物，在一个强大的个体生命面前的无力。

他一直在历史和思想之中行走，他以个人的不可战胜，给大家示范。

然后他死了，但与生，没有区别。

331

生物和人，与其说在历史中进化，不如说变化或者适应。

唯变有常。

332

人类生活的空间和内心的空间的确在不断扩大，但这不能证明什么，因为，在每一个更好的后面，一定还紧跟着一个更坏的可能。

333

突然想到，"转型"这个词的流行，似是 1993 年以后的事情，现在嘴上说习惯了，似乎理所固然。

当我谛视这个词，通过字面，首先想到的是由一种范型转换为另一种范型，前一种范型渐渐淡化，后一种范型已然在形成之中。我经常听到的说法是，社会转型、知识转型、意识转型……很多。

接着想到转型的路径似乎是：由中而西。在我们的意识中，中和西，才是可以比照之"型"。

由一种固定的形态，转换为另一固定的形态，已隐然有优劣之分，隐然是说由中转西，当然是西优中劣了。

当然，这是意识形态化了的社会意识，时间不过十年，就在大众中生根了，成为常识，也不用反思。

再下来，我经由"型"，想到了"范"，看着这三个汉字，马上就觉得亲切多了。

我思路的开始，是本能西化地想到库恩的知识范型理论；凡事最先想到汉译理论，似也成习惯，否则，不入潮流。但现在凡思维必查汉字的本义，也成了个人的习惯。查转从车，《说文》释为：运也。从车专声。似有开着车在路上的感觉。型，《说文》解释为：铸器之法也。想来古人造器，用泥制模范，然后再铸为青铜之器。范，《说文》训为一种草，一般义为古代遇大事出车，先辗过祭坛及祭牲的一种祭祀活动，祭路神，然后引申为法则、模子。这样，回到汉字本义，倒更能理解汉译"转型"之义了。

查《现代汉语词典》没有收录该词，看来词典编纂者也该转转型了。

334

转型，到底是形态的客观描述还是精英命令呢？

我看多半是后者，里面有一个半新半旧的祈使句：你们都要如此这般。

335

但范和型，这两个汉字是非常亲切的，且给人诸多启迪。

范、型是观念和器物之间的实践领域或说中介。孔子说君子不器。凡器，必固化了，没有任何新的可能，难以修改，且容易流于小器；而观念天马行空，太不落实，云里雾里没有支撑，需要灵魂附体。

而范型给出的是一种中间状态，非常迷人，既划定了边界，也确立了规则，还可以重新设计，范型的质地可以是泥土，也可以是铜铁，如果切当实用，它为一个固定形态，是技艺的结晶，也介入了生活，但又有一个界限，就是，范型只用来造物，自身并不被日常使用。

336

因之，"转型"二字，不管它流行与否，甚或为一必然，但仔细看来，还是过于生硬、机械了。

以我观之，经过以上的文字经历，我更愿意选择"转化"甚至"转生"。

337

我现在知道，在一文化中生活且能确定无疑，即为幸福。

可惜这不是现在就能拥有的。

任何不需要追问的事情，都是幸福之源。

338

没有谁敢说甲骨文不是成熟的文字，并且，成熟的文字一般来说是人类理智成熟的尺度，或者说抽象思辨能力相对发展的尺度，但汉字的确是例外了。

一般来说，声音总是在场的，人的肢体行为更是在场的，只有文字，像在场的灰烬，同时它一旦成熟，又奇怪地不需要在场的质料，且直接用思维来作用于或者说相对控制在场的行为。

正是因为当人的行为变得可以设计的时候，人已从自然中腾起了半个身子，不完全束缚于自然局限，象征了人的自由。

可问题远不是这么简单，因为人类再自由，却不能设计自己的身体，有身体之患，就像抱有一个定时炸弹，在人宣布解放的可能的那一刻，被引爆。

如不注意身体的局限，任何有关解放和自由的说法乃至引领，不是梦呓，即为空想。

如此，文字亦有如梦呓，不过是身体的分泌物。

汉字的意味在于，它半个身体都没有腾起来，它们像在夜晚的星空下，刻画下白天行为的记忆。

339

最简单最直接的汉字，成了汉字系统的词根和偏旁，依之成字。

是偏旁在提醒我，这件事，发生在水边，那件事发生在山上。地，就是土也；爱，就是一个人有一颗跳动的心脏。

340

在所有的锁链中，语言是最柔软的，却是几乎没有可能挣脱得掉的。

刚性的束缚可以用力量挣脱，比如造反，而语言的锁链则越用力越紧，如此人何以解脱？

当然，人也大可以投入其中；但若有人追问其正当或合理，也是人之应然。

我或可不必然，这是人的态度的一种，自然正当。

身体和自然是有张力的，人和社会，同样也有张力。

若有一个个体欲全揽之，或许等待此人的任务，几乎不可完成。

何况，还有一个最无法对待的语言之缚。

341

所以庄子说——游。

此游和孔子所谓"游于艺"大不相同。孔子期待"据于仁，立于德，游于艺"，实为在周文明精神中，社会人的完美标准，此中之"游"，相当于人的文化娱乐生活和体育运动。

而庄子之游是内心的事件和个人的事件，是以身体和自然的区别为起点的。社会姑且先认同之，在社会之外，还有天地，还有捉弄一切的"道"或造物——以区别为特征的自然和生命，皆为之支配。庄子的问题就是，既然如此，我如何应对。

342

庄子的好处，是在一个人无助的时候，竟然出现了慰藉。

在自然之外，反正你要处于社会之中，不管你如何做，不免得、失、荣、辱。"死生、存亡、穷达、贫富、贤与不肖、毁誉、饥渴、寒暑，是事之变、命之行也。"

但是，生活并不完全是这样。

在此得失荣辱之外，还有个人。

得失荣辱之后，你将如何？

庄子说，上与造物者游，而下与外死生无终始者为友。

这最少是个人的可能性。

343

特别是，在社会和命都似乎得以"语言式"的解决以后，还有一个锁链——语言，无法挣脱，因之，庄子故齐。

"知其不可奈何而安之若命，德之至也。"这是囿于社会的说法，"固有所不得已。"

所以有"得鱼忘筌""得意忘言"之说。但这是浅层次的，只是个人的出发点。

在"得意忘言"的基石上，只有齐物——这些意义的推动之源，才能让万物或许可以安分守己。

"无以人灭天，无以故灭命，无以得殉名。"

如此，或可"物物而不物于物"，"圣人之用心若镜，不将不迎，应而不藏，故能胜物而不伤"，扫清了一些障碍。

齐的结果是：一。

一齐……集于己身。

通过一，语言束缚或可解决：不论如何言说，几无差别；不管说什么，也差不多说的一个东西。

这几乎是，说就说了，说也白说。有些无趣。

但在此无趣面前，还有多少更多的无趣呀。

单说语言，也不过语言言说，言之无物。

如此，人，或可弃之。

344

结绳，是为了记下事物的数量。象形，似是为了回味和表达。

345

空间因其广延，不仅为活动提供了可能，也为计数留下了可能。

346

象形，是因为眼睛可以看到自然和人为，并且这些皆可在人心留下印痕我们才能够刻画。

347

象数，这两个字走在一起一定是最早的，象，象天地人，数，因分别而相对清晰。

348

日之夕矣，牛羊下来。

太阳落下西山，我的心也放了下来。

349

意，从心从音，也可以看为心里的声音。

意，《说文》：志也。从心察言而知意也。

另，《说文》意、志互释，都可以看成是心里的声音。

人都可以听到心里的声音，不管说哪一种语言。

而声音在其起始，并不是语言。

似可以说，在语言开始之前，我们都会倾听。

我们倾听到的东西，一直没有命名，后来被各种语言翻译为意、志……

350

诗，《说文》：志也。从言寺声。訨，古文诗省。

依我看，言之，即是诗。

351

由于诗歌是这样触及灵魂，我能做的，只能是以个人所能具有的权限来捍卫它，坚持着内心的最高尺度，并且毫不妥协。

关乎灵魂的诗，起始于一种不可能。

或者说，诗歌如果出发了，它一定先排除了、脱卸了不少东西。

同样，对于他者而言，我也没有权利怀疑他者的尺度，虽说我可能一点也不认同那个尺度。

因之，第三者出现了，他可能对，也可能错。

但秩序看来由第三者确立。

352

如果还有人不承认诗歌触及灵魂，我当如何？

如果更多人不承认诗歌触及灵魂，我当如何？

353

现代汉语远没有获得足够的自我理解，代表着现代汉语最高端的诗歌同样如此。

根据柯小刚的理解，诗歌现在还没有进入语言。

此处的语言，当是现代汉语。

也许我们的境遇是：收获了几亩现代汉语的稻谷，但还没有发明脱粒的技术。

但，毕竟有人会得到那些白花花的粮食。

354

思想从喻象开始，诗歌也从喻象开始。
美的和深邃的，在其初始处，是连结在一起的。

最初，我们都是在物象中获得思想和美。

355

在中国，最高的概念是天。
而天，无人不可直观。
直到现在，我们仍可在最无助时呼之。

356

天下。
我们都在天的下面。

天下，即是界限。
就算帝王得了天下，也不会越过天。
他最自傲的表述是天子，这最大的个人，也不过天的儿子。
这种呈现，和存在于某些动物中的社会秩序相差不大。
所以中国人中，有不少动物性的快乐甚至悲苦，挺好的。

357

天地人，人在其中。

这是最直观的"中"的思想。

358

象。

目有所见，无非象。所见者，可称为物象。

物象留存于心，可称为心象。

字，既象物，也象心，独为一象，可称为字象。

《易》中有"立象尽意"之说，图式单纯。

359

思想，简单地说，就是一组组的象，是意象。

360

意象结合人与物，是一种溶浸和结合，就像汉字的结构，上下左右等等。

这有如人的经验图式，汉字告诉我们，人在世的经验如此这般。

361

《老子》二十五章，是我特别重视的——

"有物混成，先天地生。寂兮寥兮，独立而不改，周行而不殆，可以为天地母。吾不知其名，字之曰'道'，强为之名曰'大'。大曰逝，逝曰远，远曰反。"

我最重视的是：字之；强为之。

道，只是一种说法，或是一个字象，属不得已而为之。

在老子的"字之"等前面，都是修饰的企图。

这勉强为之的字名，有几个特点：物；先；天地；母；独立；周行；无名。

当老子字之的时候，此道、名为一权宜。

同样，庄子在《大宗师》中如是说——夫道有情有信，无为无形，可传而不可受，可得而不可见。自本自根，自古以固存。神鬼神帝，生天生地。在太极之上而不为高，在六极之下而不为深，先天地生而不为久，长于上古而不为老。

我能感到的是，老子已沟通此"物"，庄子也体验到"道"这个东西，那或许是天地的母亲，是万物的根据，是人之所来由。

但是道，这个姑且这样来称呼它、来写下它、来说出它的东西，绝不能被规定。

362

根据老子，在无法言说的时候，或有一个最低限度的办法，就是，字之；或强名之。

这可以保障言说，也可以留待他说。

363

事实是，并不是只有一个上帝可以救渡我们。

我们手上有字，字里有名。

364

《老子》二十一章中还说："道之为物，惟恍惟惚，惚兮恍兮，其中有象；恍兮惚兮，其中有物。"

我在"强"的态度上理解此章。

恍惚惚恍，其中有象，其中有物，是溶浸。

依此句式，可以是物象，也可以是象物。

这即是说，是象，也是物；是物，也是象。

但这些，都是主观把握。

象，在那里，物，更在那里；而人，在这里。

人在这里能做的，无非象之，或者名之。

此象物或者物象，得者居之，或德者居之。

365

《老子》五千言说的就两个字，道和德。当然，未必说清楚了，但他留下了两个大题。

道、德二字，因老子的言说，脱离了常识，成了汉语中字的最高级。

因老子有关道、德的言说类似形上学，也很容易被西人认同，比如黑格尔或海德格尔。当然，那认同估计也只有一半。

在我眼中，《道德经》的确不是形上学。

西人译《道德经》为"关于道路和人生的圣书"，我们译回汉语后，这汉译的说法，又多了一重趣味。

366

相。这个字尚需体味。

相对、相处、相知，乃至相思……可组的词太多了。

相，以目看木。《说文》释为：省视也。从目从木。《易》曰："地可观者，莫可观于木。"

人站在地上，看树最为便捷，平视就可以了。人和树，都像从地里长出来的。

可能正是因为这便捷的一看，相，从实看往前走了两步，由动词走向了名词和副词。

鸡犬相闻。

里人相庆。

青山相对。

水石相搏。

是诸法空相。

……

相在心上，为想。

我想，可能也大多因为我看。

我看，也可以替换为我想。

相，揭示的是人和自然的交往，接着，是人和人的交往。

因为相，因了这一看，人和物，人和人，都发生了关系。

367

汉字让我觉得神秘。而汉水，对我一样是神秘的。

当我在南岸嘴漫步，看到在汉水中游水的人，头黑黑的像蝌蚪，在水中此起彼伏，看到他们中有的人，在快游入长江时，又掉头游回汉水。这游水的过程我隐然而有所动。

在单独看汉水的时候，我觉得汉水是浑浊的。但在汉水和长江交汇处，我又觉得长江浑浊，汉水清绿。这种感觉随着我在江边的位置，明显不同。

我意识到自己站在一条大河的终点，同时又站在一条大江的中途。

江汉朝宗，其流汤汤。

汉，是一条水，是一个朝代，还是一种文字，还是一个男人……

正因为此，汉是多义的。

汉水流域有尽，有如一个本喻。

但却有无穷的事物，统一于这个字了。

汉，这一个汉字里，有统一性形成的历史生成。

368

这种历史性，就是提醒。

文字是不能本体论化的。

我一直清晰地知道，在留下文字的时候，事实和经验本来就不是文字。

369

当下的现实，丰富复杂，百辨莫名，简直对人的想象力构成了挑战。

在这样的现实面前，想象力是一种奢侈。

单纯的想象，赤子般的想象，还能在当下出现吗？

我更多看到的是欲望在释放，欲望借想象之名的释放，本能的力在催促着我们，急急奔忙中，似已忘却还有一片纯白。

370

我知道我的想象是贫乏的。

在各种力量的催逼之下，容不得我心生想象。

因之我怀旧，怀念 1970 年代的日常生活，在那种日常中，我不需要想象什么了。

371

留下了句子，却删去了事物。

有谁认真感受过词与物分离后的疼痛呢？

词有如相片，留下物曾经的青春和美色。

物生生不已。

在生死循环中，物难以确认为——这一个。

对物而言，这一个，即为妄想；对人而言，这一个，也是虚妄。

无以为一。

但一个词，就可以一统诸物。

词是物燃烧后的灰烬。

物疼痛，词冰冷。

物之疼痛有生之痛和死之痛。

还有和词分离时的疼痛。

词不断演变，如果有痛，也还是痛在了物里。

372

但总有这一朵花，在春天重复着开了，千万朵花在春天重复着开了。

我相信花朵在开放的时候是疼痛的，有如人在出生时，母子都是疼痛的。

而我写下花，我并不是说这一朵花，也不止说千万朵花，我可能还喻指着数亿年前第一朵开出的花。

那第一朵花，使后来的花全部叫花，每一朵花，都使它复活。

物性如此。

词是空无，可以容物。

词，也可以替换。

373

核心。

这个词明显是一种修辞，使用的是隐喻，并且是双向对流的隐喻——

心是核，同时核是心。

中心，也是修辞，还是空间实指。中如心，心如中。

核心团结人物，把人和物的心脏统一了，统一为一物。核和心的差别不是生命，它们都有生命，差别无非是，一为人，一为物。

如果我们说到核心，心中自然异常珍视。两心相加，心变重了。

如果说中心，感觉我们的重视程度明显不如核心，它表达的是一个居中的位置，没有情感附加，有如一个判断或者指令，有在……之中的中心的感觉。

但当我们说以……为中心的时候，此中心又比喻化了，修辞了两次，中心以空间图式进入反复的修辞。

我们也许只有在用到比喻的时候，才显得格外不同。

核心，可能对应着核外的硬壳，才更显内心之软了。而心，本就是最柔软的需要认真呵护的核，它的外面是骨肉。

俗话说一个人冷酷，可以表达为——此人心真硬。

说到核心，我们通常为之变色。

所有同类的比喻，都让我们为之变色。

这当是中文修辞的＂比的力量＂！

我想到在高中时上课，哲学老师在课堂上变色地念出——具体问题具体分析，是马克思主义活的灵魂！

的确，凡是灵魂的东西，我们都会为之变色。

374

"雪落在中国的土地上
寒冷封锁着中国呀"

记忆中，这是艾青老的两句诗。

我关心的是"封锁"。

封，是一行为，锁，也是一行为，同指闭合。

有意思的是，封中多土，材质来源为土，所以有封土、封泥等词。

封，来自金文，会意字，左边像土上长着丰茂的树木形，右边是一只手，表示聚土培植。

古人培植，抟土为器，这是一个怎样热烈的场面呀。

锁从金，当是器物生产发展后的行为，以金锁物，更牢固。

冶金，更是一个火热的场面。

封和锁，这两个字都是热烈的。

然后是"封锁"。

我的解读却是——如封，如锁；封锁一词是比，是喻象。

我的意思可能还在说，这一个词的形成，是从多少人的劳动和行为中得来，不仅有趣，而且非常动人。

童年时我玩过封泥、封蜡，也玩过铁锁，它们都给我带来记忆和快感，但我后来虽然理解"封锁"的意义，但从没有还原过此词的本义。

而现在，这个词却让我觉得无比审美，我想表达的是，封锁——那是多么热烈的场面呀。

375

更有意思的是——封建。

建，是引长的意思，按照规则甚或规律的建立！

封建的本义，当是划定范域，建立尺度。

以土植物，以规则立法。

一指空间和地理，一指人心中的秩序。

中文的"封建"，从字面理解，更贴近实义。

开疆拓土，划定边界，建立秩序，国家社会人群，都在其中了。

封建，当是中国本土自生的政治，这政治，就像植树一样。

376

本土。

本从来就在土中。

土，从来就滋养着那个本。

本土，才能真正生长。

反过来，凡是那能生长之物，必依赖于本和土。

本土是生长的力，或者比喻一下，是生长的源泉。

377

面对日常之网，谁不是越挣扎越紧？

在网中，如腊梅在冬天开花，开出的花，只是把网撑开了一点。

腊梅的网，一直那么大小，这是它的命。

378

命，即是无所逃。

无法抗拒的东西，总是令人悲欣交集。

379

日常为稻粱谋，流行以"创新"量才，竟似催逼。

此二字从刀从斧，创，指人体上受伤的部分；新，指斧钺第一次相加于木，从而得薪。

从起源看，创从名字到动词，不知不觉提高了声调，正是这提高的声调，成为人的行为的推动。

且彼亦知"新"之为义乎？衣之始裁为之"初"，木之始伐谓之"新"（章炳麟《论承用"维新"二字之荒谬》）。

初创，在这两个汉字中，蕴含了织物和肉身与金属的紧张。

创使身破，新使木破，木破为薪甚至栋梁，人破为才甚至栋梁，这实用性，使这两个字自然接近。

人有创，肯定疼痛。木被新，流出青汁。

人去开创，疼痛之人物，必定不少。

在这里，我看到汉字"创新"一词同时传递出的疼痛了。

看来，创新——有双倍的疼痛。

380

怎样用现代汉语理解"创新"呢？

就像在日常俗务中，创新不易，理解此二字，也不易。

估计还是只能用修辞。

我个人的看法倒是——水到渠成；瓜熟蒂落。

381

屈宋诸骚，皆书楚语，作楚声，纪楚地，名楚物，故可谓之"楚辞"。若些、只、羌、谇、蹇、纷、侘傺者，楚语也；悲壮顿挫、或韵或否者，楚声也；沅、湘、江、沣、修门、夏首者，楚地也；兰、茝、荃、药、蕙、若、芷、蘅者，楚物也。（黄伯思《东观余论·校定楚辞序》）

这一段话告诉我：喂养诗歌的，是方言，是地域，在所生于其中的自然诸物。

记得不久前对朋友说，我们像失去了人文之乳的弃儿，无故乡，无家园，所写出的诗歌，经常是些无本之木。

的确，就像木和本这两个字，相差的，就只是那一小点，像拥有繁殖能力的那一点。

这倒像工业化时代的产品，我们的技艺在于制造塑料花，而忘却了生长在四野的自然之花。

382

李贽说，凡人作文，皆从外边攻进里去；我为文章，只就里面攻打出来，就他城池，食他粮草，统率他兵马，直冲横撞，搅得他粉碎，故不费一毫力气而自然有余也。凡事皆然，宁独为文章哉！只自各人自有各人之中，各人题目不同，各人只就题目里滚出去，无不妙者。如该终养者只宜就终养作题目，便是切题，便就是得意，好文字。若舍却正经题目不做，却去别寻题目做，人便理会不得，有识者却反生厌矣。此数语比《易说》是何如？

上一段话，引自李贽《续焚书·卷一》。

为好作文如我者存照。

383

为文，子曰辞达而已矣。朱熹《论语集注》：辞，取达意而止，不以富丽为工。

达，形声。从辵（chuò）。本义：道路畅通。

辞，本有口供的意思。

我喜欢辞这个字中的那隐藏的一半舌头。

我可以理解为，辞，表明声音有一半是在文字中在场的。

达，我有一种双脚抵达的感觉，我的脚扎扎实实地踩了上去，且不用再走了。

辞达——我的舌头发出的声音和我的脚经行走而立着的一个地方。

我或可这样理解作文。

384

在现在，要经过多少身体，才能记住一张脸呢？

而在以前，只要怀揣了一个面容，那面容就是一切了。

我这样似乎在说，以前，身体似乎就是不需要存在的。

385

所谓全球化真的那么让人窒息吗？我看未必。

全球化同时应该也是多样化。

只要不自我窒息，不亦步亦趋，倒可多呼吸到一些新鲜空气。

386

我一直相信，大众是没有思想的，尤其在中国。

但同时，我相信每一个个人都是有思想的，尤其在中国。

这样说，有如以子之矛，攻子之盾。

但我的感受是，这的确是中国人的思想特色。

我觉得之所以如此，是我们国人过早地分别了内外、社会与个人，导致这样的现象。

个人的思想，只是对自己的，或几个知己的，不足为外人道的。

在社会中，我们一般是——吾从众。

因之，对中国人来说，只有说出自己个人所思，才会获得思想的机会。

387

路线

或者路　像一条线

是道路

或是纺线

走得宽了

就是道路

走得窄了

或许命悬一线

毛主席经常批判的错误路线

他的正确路线

有可能是一本地图

388

诗人野牛在二十世纪八十年代后期的诗作《中国文人》中，有一名句——中国文人，只会抱着老婆的旧屁股死啃。

这句诗，写得畅快，但明显不实，以一己之偏见强势注入历史判断，纵然写得再美，终堕小道。

这句诗的态度有问题。这也说明，粗暴不能解决问题。

略早一点，有诗人李亚伟的《苏东坡和他的朋友们》，有句子写道——他们咳嗽，和七律一样整齐。

此句也极美，但还是觉得不够。苏写诗是极自由的，经常不整齐。

这句诗想象的出发点有问题，属剑走偏锋。

我的问题是，诗人应该如何言说历史？

或者换成另一问题——诗人如何通过言说历史展示个人情怀？

因之，我想引入"诚"字。如果连对已知的常识都不瞻不顾，诗句再美，也只会沦为易碎的审美的游戏。

诚——有时是一种困境！

只有在诸多限定之中，游戏才可能获得有力量的快感。

389

人生价值是如何获得的？或者说是如何实现的？

最简明的方式，或可从藏民的行为中看到：把自己的劳动所得，虔诚奉献给寺庙，以自己的汗水，换来自己的汗水不能给出之物——神圣的价值！

390

僧侣之能赋予信众神圣价值，除庙宇之神佛外，还在于他们对日常的超脱，即从日常的食色中超脱出来。

如僧侣不能斩断日常之欲，此神人之中介即难以辨认，没有获信的一般基础。

所以，僧侣这样与俗世区别，由此通神，得以具备赠予神圣价值的能力。

391

我这个我，特别是在只有我面对我的时候，我，除了是一个身体，一些言辞，余下的，无非是一堆白日梦，一堆记忆，舍却这些，我根本无法辨认自己。

而我之为我，又经常如此地不同，我总是从自己之中，流溢出来，且不知所归。

每当这种时候，总是过去在照耀着我。

对我而言，就是 20 世纪 70 年代的光，在照耀着我——我，这个在当下、在这个世界时间和现实时间中的我，倒像是过去的影子，而过去，才是真彩的！

392

我拥有着那个消逝了的 1970 年代的心灵。

我这样说，多半是一个借口，一个自我辨认的方式。

这样，我才能不让自己无事生非，或者安于自我。

只是问题在于，一个人如何才能不对自己无事生非且安于自我。

393

梅洛·庞蒂说，我们所思考的存在于已经被讲述或正在讲述的世界的内侧。

如此，我能把握的自己，存在于自己对自己的讲述之中，这样或可不用厕身于语言的世界并与之相区别。

394

可能在庄子，失我，才能得我，如南郭子綦所谓"今者吾丧我"；无用，才能大用；齐物，才能达生；坐忘，然后能净化自我的杂质，不分我你他和物，也不用以邻为壑，以他人为地狱。

在庄子那里，没有神，只有神人、圣人、至人、真人……在这些命名中，我看到的，只是在一般的"人"外面，多出的一点，或者多出的一个字，一种修饰或限定，这里，或许有个体真实的秘密。

活出一个我来！我想，这或许是庄子的本意。

此我特殊，但是既认同了一般之人，也认同了一般之物。

395

事情并不是那个事情。

对于个人来说，多半只是"事象"：一件事的始终之所呈现。

396

在世界-国家-地域-民族-家庭-个人这样的序列中，个人已经被挤压得很小了。

有关个人自由的普世性言说，经常以个体的孤独和分裂得到体验。

在一个中国人看来，这是文化的缺位。

397

个人联系到人权。

人权表面上看，是个政治问题，但更多是个文化问题。

398

美国的个人主义，在我看来，一直停留在俗世、政治、经济等权利的层面，它不关心——不进入人的内心，显得狭隘。个人内心的事情，在这种社会中好像是宗教的职责。

欧洲的个人主义显得更厚重一点，视野更宽广一点，也更文化一点，但究其根底，仍不脱柏拉图的同一性的形上学，值得参照。

中国的个人主义在庄学，形上和形下溶浸在一起，是审美的个人主义。

我认为庄学个人主义是可以发扬的，特别在世界主义的当下情境之中。

399

中国文化提供了足够多的生活的艺术，但提供不出清明的政治。

所以，在中华大地上，王朝反复更迭，社会治乱不已，只有文化绵延不绝，常挫常新。

400

中国文化除了缺清明的政治，什么都不缺。

当今民主社会，只是因为它出现了并离我们不远，所以才能有所参照。但这个目前看来运行良好的民主社会，也是数千万人的生命换来的，是意识形态和资本的扩张交互砥砺的结果。在我眼中，资本主义民主社会乃是盗亦有道和群盗之道的对话和妥协，它的成熟，来源于成本考虑——杀人的成本是最高的。

401

考之现代史，革命的后面，往往跟着一个叫爱情的东西。

革命在前，爱情在后，爱情像革命拖着的一个影子。

革命和爱情之所以如此亲和，可能是因为，只有革命和爱情加在了一起，承担革命的主体的人，其人生之路才显得圆满、丰富而具有意义。

革命加爱情，被不少左翼文学家书写过，以文学家的敏锐，以革命加爱情的无比刺激，很容易结合。

但革命加爱情，显然是一种新的人生类型，是某种信仰指导下的社会实践，它综合了信仰、理想、社会、家庭、男女、个人，是个人和社会互动的一种"典型"，似也可以称为现代性影响下的一种典型。

因之，在某一民族国家里，革命和爱情呈现的只是，对父辈的反叛的青年造反运动。

在现代汉语中，"革命"二字来源于日人翻译，兼有 reform 和 revolution 的意思。但在古代汉语，"革"指兽皮，革中圆圈，指从兽身中剥离之皮。"命"指用嘴传达指令，是一种行为。革命的本义，有如《易传》所言：天地革而四时成；汤武革命，顺乎天而应乎人。命，指的是顺天承命，是天命。因有汤武这样的圣人，有此承担和气魄，且顺乎天意，这一层崇高的意思，被保留了下来。

这一个词中的几种意思，像考古工地的文化层一样，边界清晰，又互相纠结。

从这个词的语义变化，即可以明显看出现代性对中国的入侵和影响，并进而影响人的个人的社会实践。

阿 Q 说，革他妈妈的命。因此变化，得出理由（合理性），对吴妈表达需求——因革命增加了恋爱的机会，增殖了。

在阿 Q 是俗，在革命领袖是雅，但在纯形式的呈现上，个人的社会实践所呈现的形态并无区别。

所以，现在还有更新的纯革命的类型，像原教旨主义者，只革命而不恋爱，更纯粹。

这样看来，革命加爱情倒显得过时了。

但革命和爱情，都是社会性的，不可能是纯粹私人的事情。

有关爱情，中国民间的典型是牛郎织女，是梁祝，是白蛇，是孟姜女，是那些站成石头的望夫石，是贵族人家内的举案齐眉。而所谓现代感的爱情，要么和革命、信仰、理想结合，要么和权力、金钱、物质、消费结合，倒少了些朴素和意趣。

因之，我的看法越发简单——革命和爱情，互为味精，只不过这现代性的味精，得打上一个问号。

402

在一种语言之中，进行语言创新，也似是使命。

不过，在古代汉语中，汉赋的教训值得汲取。对有限的生来说，在没有心灵和人生经验的实际支撑的条件下，没有人有能力消费那么多形容词。

403

连日纠缠于技艺和技术，隐然觉得二者是明显异质的东西，只是无法言说。

技艺好说，我可以简言之为庖丁解牛，而技术呢？

我看到过生产线上技术工人的协同，只简单地做一件事，就完成了一个环节，传递给下一个技术工人。如此反复。

但我不能这样言说技术。

海德格尔说——技术就其本性来说，是人从自己出发不可能制服的某种东西。

很明显，海氏说的技术，和庖丁的技艺，区别清晰。

另外，技术不是一种投入和贯注，它是完成指令，是人对某一外在意图的监管和执行。而技艺，一定是身心俱在的投入和贯注了。

从自己出发，并且伴随自己始终，这可能就是技艺让我心仪的地方。

技艺切己，而且自私。

404

苦难都是外在的强制、暴力和恐怖带来的。

苦难绝对不是一件道德的事情，但苦难的产生，好像多少和道德有关。

能行使的暴力，一般都被说成道德的，接着是正义的，然后是政治、法律、宗教的。

人能轻易原谅自然带来的苦难，可以认命。

人最不能忘怀的苦难，都是人自己做出来的。

技艺和技术，都可以作为制造人类的苦难的帮凶而存在，只是技术效率更高，已经制造出大规模的人类的苦难。

405

如此我们如何言说苦难？

我们，同是施暴者和受难者。

在技艺的时代，是这样，在技术的时代，更是这样。

可能唯一现实的态度，是如何减少和减小苦难。在这个层面，罗素的话或可一听，他说，腐朽的新教是鼓励人受苦的；中国集体性的道德倒使人容易获得快乐。

比照罗素这句，我或可这样猜度，新教催生的技术，可以更加有效地流布人的受苦受难。

只是中国人的集体的道德中，有承担，有乐感，有解脱和逍遥，就算在技术的时代，也把技术带来的苦难，淡化了。

406

苦难的类型，最少有两种，个体的苦难和群体的苦难。

个体的苦难，或可以道德勇气坦然承担之，没必要一把鼻涕一把泪地哭诉。但群体的苦难，就不是坦然的态度可以解决的了。

大多群体性的苦难，借理性之名而作恶不休，以"好"的名义，让人受苦。

我体会到的这种苦难，一般是劝诱人为了明天而牺牲今天，劝诱人为获得终极关怀而牺牲当下现实享受和快感，而且理由高尚远大，口气振振有词，结果却无以为继，短暂的激情之后，余下的只有伤口和疼痛，甚或付出生命。

看来，苦难只有在社会学的意义上，才特别值得探讨、反思和规避的。

群体的苦难，大多为窃国者为之。

一国之内的群体，如无捍卫自身群体的能力，不做炮灰，就做了棋子和筹码了。与其事后抹泪而哭，不如事先就有免疫的能力——这能力，估计和常识一样日常，也无须多少智力，切实承担即可。

407

想到一句话，摸着石头过河。

这句话无疑是实用主义的，但也是有充足理由的。不是么，只要有石头的支撑，那河就可以过，但是，也存在风险，万一中途无石可摸，那河多半也过去不了。但是，一般的知识让我们知道，河之为河，河中一定是有石头的，因为那石头来自高山，是河的组成部分，我们每每可以在一条河的起点，看到无数巨石，它们被冲积在河中，逐渐变成相对小一些的石头，还有的，变成了河沙。

408

老杜说：庾信文章老更成，凌云健笔意纵横。

在中国做一个诗人最少是幸运的，可以死前如放翁那样示儿，也可以如禅师坐化前念偈，不然，皎然和司空图是不会有闲心写出《诗式》和《诗品》的。

李、杜也一样，把诗歌写到写不动了，在江河边吟罢，接下来的那个时候，就是死。

这就是中国诗人的幸运。

一个人，可能有天生的才华，像青春那样，挥霍了，就没有了。

但中国文化例外。中国文化的力量就是这样，它允诺你喜欢一个东西，用身心溶浸，至死方休。

409

腰间挂着诗篇的豪猪，诗篇挂得再多，仍是一只豪猪。

但这只豪猪为什么会在腰间挂上诗篇呢？

我认为这恰是现代性使然，有如卡夫卡，一觉醒来，成了虫子。

现代性，这一看似不可避免的过程，把人，变成了物，就是写诗，可能也是猪写的，或者是虫子写就的。

不如此，不可能理解在商场打折的诱使中涌动的消费的人群，羊群一样的人群，和大众在一电视虚拟图像中的狂欢。

这或许也是在说，如不变成物，就不可能理解当代的艺术，或者不可能获得生产当代艺术的资质资格——这诱使大众消费的资质资格。

410

一个北京老人

观察日落

在渐渐变红的北京

读到史蒂文斯这样的诗句，我差点把他当成中国诗人了。

一个在观照中的静坐者，眼中看到的秩序、和谐和人与自然、社会在空间中的位置。

这诗歌的气息，感觉是中国的诗意散发出来的。

411

蒲留仙自序《聊斋》有言：自鸣天籁，不择好音，有由然也。

作文如天籁自鸣，敢说此话的人，定非凡人；而敢于"不择好音"的人，更有一种真正的勇气。

我们现在看到的是，连善择好音而自解为天籁自鸣的人都少之又少了。

留仙此句，颇可自省。

自照此句，颇感丑陋。

412

他照，终不如自照。

人有时最不能接受的对象，恰是自我——一个陌生的、时时自以为是、愚而好自用的自我——那最不能接受的自我的谮妄和武断。

有此一思，移情的机缘就出现了，有若阳光初照天地的一瞬，与主观无关，而满足于事物之自现。

这是嬉戏，专注于自然的嬉戏，是主体之源，也是审美之源，还是削去自我谮妄的机缘。

移情有如齐物。

人在物中，人才能在世界之中，有所应接和回应。

人如画心为狱，也终不过自缚和缚人。

所以，还是抬起眼光，看看外面的好，物象之生动，时时在激励我们的生之生动。

413

西塞罗说，词语是事物的符号。

赫尔德说，当人还是动物的时候，就已经有了语言。

海德格尔说，语言是存在的家。

而德里达——根据邓晓芒先生的理解——写作《论文字学》的意图，正是尝试在逻各斯中心主义的边界上跨出决定性的一步：追溯语言之源并超出语言学的视野，去解构和任意重组一切"痕迹"或"记忆的原始现象"。

还有博德尔和罗姆巴赫，分别从"智慧"和"结构"出发，探索新路。

西方有关语言和文字的思想，到了德里达这里，似乎和东方智慧开始接近了。

另外还有一种接近，即诗和哲学的接近，回到了老子和巴门尼德。

414

《离骚》是屈原的个人史和心灵史，同时也有他的政治哲学，即"美政"。

屈子的政治哲学框架是清晰的，理想的政治，即："彼尧舜之耿介兮，既遵道而得路"——由遵道而得政治的道路，是正道和大道。"乘骐骥以驰骋兮，来吾导夫先路。"这说的是路亦可导之而得。此导即導，亦即道；道導（导）是同一的。美政，就是好的政治。"昔三后之纯粹兮，固众芳之所在。"美政是纯粹的，众芳所在的；也是宽阔大道，可以乘骐骥以驰骋。

而不美的政治，不是道路而是捷径。即："何桀纣之猖披兮，夫唯捷径以窘。"政治不走正道，一定就是猖披的了。

还有危险的政治，那就连捷径都不是了——"惟夫党人之偷乐兮，路幽昧以险隘。"这是黑暗的政治之路，是一个逼仄的隘口。

在此，屈原用宽窄给出了三种政治类型。

因之，屈子说，路漫漫其修远兮，吾将上下而求索。之所以如此，是因为在屈子看来，好的政治是纯粹且简明的，遵道即可，大道可直接走上去，是个实践问题，行（求索）的问题，可导之而得的事情。

由屈子的用语和造句习惯（除开楚地方言），可知华夏文明的统一性和地域性互浸，其所叙史事，于籍可征，其用字来源于甲骨无疑。待异日考之楚竹书，或可得确证。

415

水井里的天空和水井外的天空自可互证
但在井底的一只青蛙无能得证
那是天空自己的事情

416

朱子经常说的这个"理"是什么呢?

先看字面:理,治玉也。顺玉之文而剖析之。——《说文》

理者,成物之文也。长短大小、方圆坚脆、轻重白黑之谓理。——《韩非子·解老》

我或可猜度"理"来源于一种琢玉的技艺而后引而申之?玉不琢,不成器。形下之器,因人之手工而成。

那么,物之表面之纹(文),是人得理的根源?如若是,理,就是物象的赐予和启迪了,是自然之恩赐,是人和自然之兴会和相互辨认所得。

理,后来形上化了,成了形上的道理。但哪怕是在词源上,也和琢玉成器的理暗合相通。

这个暗记,有如亚里士多德在《诗学》里讲悲剧中的"发现"的根据和凭证——即人的某个特殊的特征和独有的器物。

的确,理的初始义,一直没有在这个字里丢失。

这玄奥之义,原来来自美玉的启示。

417

语言说,但说的是——不在。

语言是在场的代理,文字是代理的代理。

我言说,也不过说的是,我刚才在;但现在不在了。

语言是存在的传说。

418

这有点如郭象所言,世或谓罔两待景,景待形,形待造化者。

摹拟和摹拟的摹拟。

在郭象，万物之有形·象，都不过是有"迹"（亦如德里达的"痕迹"），"迹"后还有"所以迹"，只有求之于"言意之表，而入乎无言无意之域，而后至焉"。

如此，辞达，是不可能的。

这些老子也早已看到，所以强字之。

所以，智慧从来就不是语言本体论者。

419

可以肯定的是，时间并不是我手机上的手表，虽然我时时依赖它。而我的真正的时间在哪里呢？哪个时刻是属于我的，并把我从这钟表中解救出来呢？如果这种逸出可以被称为解救的话。

此解救必依赖自己，而不能期待来自他者的解放。

解救自己的时间，当发生在禅师证悟的那一刻，那突然的脱出，就是恒定的获得。此前之我，自是非我，而此后之我，也不全是我，我多出的，是我之道。我再也不是那个所谓理性的、自我意识的我了，我之所获，恰是从中逸出。我豁出去了。

420

时间一般是被规定的。

但个人的时间明显不同，个人的时间，是有总数的，恰如一个人的寿数。

所以中国人喜欢给孩子算流年，把一个新生儿的生死，排成一本书，记录他或她所应享用的谷物、异性或能得到的儿女。

而流年是什么，是一本被上辈人用石印出的书本吗？多半也不是。

但这里有一种寄托，对一个生命的有关"命"的理解。

我仿佛感觉到，大家对一个生命的到来，表示谨慎欢迎，他或她，既然来到世间，是有命的，是不能被大家的爱和努力所左右的。

这种理解也是所有在世的人的自我理解的一部分。

我们生着，但在某一个地方，可能只不过是一本石印本的流年。

421

时间多半也不是可以直观到的。时间无比抽象。

在日常中，时间像约定，接受即可，总之可用，或者相对好用。

但对个人来说，时间绝不是钟表和日历的呈现，也不是日月交替的沉降。我们过着每一天，而这每一天早重复得让人麻木了，甚至让人浑然不觉。

一般来说，对个人而言，个人的时间，总是以时刻的形式被直观到的。

人一般可以忘记这个时刻发生在公元某年某月某日，但在心灵中一直存在，它和一个细节一样的小，但坚硬，不容遗忘。

我之认为的个体的时间，多半就是这某一个不能被标注的时刻。只是一旦它被某人直观到，就成了个人的规定，或一个个人属性中抹不掉的印痕。

这样的时刻，有如苏秦决心锥刺股，也有如屈原，要提出问题。

如果这样理解，禅师的悟证，即是对公共时间的消灭，因为如此，才可能山中无历日，只有在这种情况下，公共的历日，的确无法度量个人内心中体验到的时间，或许更多。

422

单纯的个人，是不会有时间的，就像一株草，在生死中浑然不觉时间存在。

对一株草而言，时间是多出的东西，没用的东西。

而对人来说，时间是为了用才出现，在某个被标识出的某一刻，刻画之刻，这一刻要发挥某种用途。

也就是说，人的生只有在集体的用中，时间才会出现。

时间必然是社会性的。

而个人是不完全满足于现有的在场的社会性的。

但社会性，总是抽象着在，像牵引木偶的绳子，由外在的力来牵引行动。

不知不觉个人有两个大脑，一个是自己的，一个是外在抽象的命令，它们争吵和协同，不仅是个人不可思议，也使个人的肉身不可思议。

423

马克思经由批判的武器和武器的批判，打通了这任督二脉，所以，他可以说当时别的理论是庸俗的，这是他的强大决定了的。

但此批判并不是无可怀疑的。

理性最大的能力或者自大，就是批判。

批判，一般是为了更好，或者说更正确。如果不能说最正确是可能的话。

批判最大的可疑之处在于，批判永远是外在于此批判之个人的。

不参与其中，而只作为一认识的对象，是两件事。

因之，我在这一点上，对批判是怀疑的。

也正因为如此，我认为体验比批判重要，参与比认识重要。

相较于批判，体验是参与的和建设的。体验相较于认识，也是更切己的，在体验中的选择，比纯粹对象性的认识，更有实践性。

很多年来，我一直做一个批判性的个人。

现在看来，世间任何一事，都是经不住批判的。因为，总有更合理和更正确在前面，这世间没有任何事情是在当下可以终结的，或者说，可以一劳永逸完成了的。

同样，批判本身也不是句号或者终结。哪怕是更正确了，但，没有最正确和永远正确。

所以，我期待批判是在参与之中的，在体验的基础上的。

同样，我之更正确，是可以在实践之中期待的视野，而不是革命性的颠覆和否定。

424

和朋友在一起，不觉发现我们的确被一种东西折磨着，可以称它为"资本主义"，也可以称它为"现代性"。

在中国，这的确是思想的事情。虽说我们表现出的反应都是个性的，不可达成共识的。

正由于这样，这件事情，奇怪地变成了个人的事情。

我的想法就是，时代就是这样在我们的个性中如何被体验到的，只是烙印的形式和形状不同。

好在我们都在试图建立自信。

有一点可以肯定的是，说自己的话，做自己的事，就是错了，后果也无非由自己承担。

想想那疾风暴雨似的革命，想想现在的消费的狂欢，这时代之改变如此突然和不讲道理，更可见我们自己的所谓理智是多么脆弱和不堪一击了。

无论是向前向后，向左向右，我想，只要我们真的走上去了，最少可以走出一条小路，这条小路可能通向秘密花园，也可能通向绝壁。

不过，走上去，值得一试。

425

整个春天，万象更新。
我收获的只是一个汉字——象。

426

或，会意。甲骨文字形从口（像城形），从戈（以戈守之）。表示以戈卫国。本义：国家。用本义时读 yù。

地域之域，或是从此而来。

或字最有意思的地方在于，以戈守一。《说文》：邦也。从口从戈，以守一。一，地也。

一是地，所以甲骨文的上下二字，指事于地上，即为上，指事于地下，即为下。而一之所以会是地，是因为人所能看到的边界，即为一，也就是我们所说的地平线。

因而，口，就是四个一的闭合。

家国即在此闭合之内。

口，或许就是我们的祖先在大地上转了一个圈子，就书写下了这个字了。

427

先民立竿见影，通过影子和竿子的关系的变化，推测时间和空间及对它们的理解。

近取诸身，远取诸物。

这个时候的知识，非常亲切。

现在，我们的知识大多来源于语言和符号，已不辨远近。

语言和符号是竿，影子却是心灵。

428

我是初生的婴儿。

我有初生的丑陋。

429

名，从夕从口。《说文》说，夕者，冥也，冥不相见，故以口自名。所以许慎理解名为自命，即自己报出姓名。

在这个字中，我因此知道，因为人在黑暗中不能相认，只好自己报出自己是谁，我们口中发出的声音，在替代阳光或星光的功能。

名和利经常联系在一起。利，是收割成熟后的作物，也应该是很美的。

但后人又有说——虚名浊利。

名因何而虚呢？我想，可能恰在人自报的时候，多了一种隔阂。本来，名是可有可无的，在阳光下无物可藏，名，就是多余的了。但在世间，总有黑暗，黑暗总是混淆的力量，因此之故，人只好自己叫出自己了——叫出自己的目的，是期待认识出迎面走来的对方，也让对方知道自己是谁。

而人，一般实在是没有必要自己叫出自己的，一般总是被迎面而来的人叫出来的。所以，名，也似是多余之物，但，在黑暗中，名有用。如此，或可理解虚名。

浊利，应该也是好理解的。培植和收获，都是要付出汗水的，要做事的，有时要弄脏衣服，有时还得弄脏身体。从最原初的角度看，如要收获，弄脏自己，自然不免。

430

余，是我吗？

或者，我可能就是一多余出来的闲暇吗？

余为何可以指代我呢？

也可能是，我在说我自己的时候，这个我，就多出来了，成了余暇。

查甲骨文字典，余，是像以木柱支撑屋顶之房舍。贞人以余指代自己。

余之所以是余，估计就在其象形之中。

如果不是那个木柱的支撑，房子就有可能倒塌，正是因为有余这样一个具体的支撑，房舍让人放心了。人如把心放下了，自然心里有了余地，人的居住，也因木柱的支撑，而可以忘记风雨，可以在房屋中安睡，少操了心，人因此而不会为某件事，而揪心。

贞人以余自代，或许就是因为，因他的劳作和与神相通的能力，让命他贞卜的王，心里有了余地，他不觉成了那余。

后世士人，以余自称，或许有这一痕迹。

但余，的确就是一替代物，就像多出来的，又发挥着给出闲暇的任务，让人心安，心有余地。

431

南郭子綦说，今者吾丧我。

这一句中，或有个人的生成。

吾是我，我也是我。吾如何丧失了我呢？

吾是用口说出自己，指示自己。我，甲骨文像兵器形，本义即为兵器。我还有一个意思。我，古杀字（《说文》）。

在南郭先生，还是有吾的，只要说话，就有吾在，但"我"不在了，它被吾丧失了。

吾我关系，是个人与自身的关系。

吾丧我，是吾，丧了我，并不是我不在。

吾丧我，是用一个言说的我，代替了一个手执兵器的我，代替了一个在日常中杀伐的我。

432

有缘到黄梅谒四祖寺和五祖寺。

此事已向往多年，回来，所见所历，依稀有些想不起来。

433

在高速公路上

快，是个疲惫的词

让人昏昏欲睡

434

对一个个人来说，他最直观的一生，无非就是抱着他的孤独去死。

435

起风的日子，我会想起秋天在风中旋转的落叶，好像自己也跟着一起旋转。

在湖边，我还看到鸟群，在林间，落叶般一群群飞起来。

这两种意象似叠加在一起，构成我有关生的印象。

或许这就是古人所谓的感应，或感通。

436

知识于我，早就是多余的东西。

理论，更是多余的产品。

相反，我喜欢通过生活积累起来的常识。常识随时和人的生活是在一起的。

另外，或有真知。真知，可能是庖丁的那把解牛之刀。

但那是一。

一，我认为也是应该收藏起来的。

如此，把一弯曲为 0，不管这个 0 是阿拉伯数字，还是一个空位，但它在可数之前，在可道之前，那或许是一个无法清晰呈现的位置，一个谁也坐不上去的位置。

我想，正是这个谁也无法坐上去的位置，允诺了人生的平等和权利，和生的悲欣。

437

0，就是很多个 1 都想坐上去，但无论如何也坐不上去的位置。

宗教、哲学、科学、政治……这些个一，都想坐上去，但又坐不稳，不免摔下来。

0 的确是世界上最奇妙的东西。

0 是最圆满的和最充实的，恰是它的没有。任何一个有，都不可能自我指涉为没有。

所以，我曾说，0 是无的有，有的无，非有非非有。

0 也不是一个有名的形象或者实体，无名亦无实。

0，是世界无限丰富的可能性，那种任何欲规定的努力都无法规定的力量。这有如古人所说的生，生生不息，无中生有。

438

也算作文多年，现在从不敢用一句话：一言以蔽之。

记得在学习如何作文的时候，觉得这句话够有力，足以总结文意，也有辩驳的力量，让对手无言以对。

后来年纪长了些，知道这句话不是随时可用的，除非考试时被逼急了，实在无话可说，才用。

现在，觉得孔子此句，颇可玩味。当他说一言以蔽之的时候，是以"思无邪"这三字盖住了诗三百，所以叫蔽。以一言而蔽，或许有如以阴影代替事物，才得以蔽。荀子有《解蔽》篇，张载有"极微无蔽"之说，这用法和孔子是反的了。

但依孔子此句，言以蔽——是明显存在的。蔽，是为了蔽之。而蔽之，是为了便于总揽和了解，也有用。

因之，蔽是多重的，蔽之可，解蔽亦可，无蔽，极难。

如有啫然而解的感觉，或许一无可蔽。

439

蔽，形声。从艹，敝声。本义：小草。《说文》：蔽，蔽蔽小草也。

想来蔽字，来自春草对泥土的覆盖。草，是土地之蔽。春天的泥土上，蔽蔽而然，绿意满地。

经此视象，蔽或许才引申为覆盖，引申为遮蔽。

正因为遮蔽即是概括，所以孔子有一言以蔽。

而蔽经此，有时也是蔽护，像人和动物的毛发长在肉中，这样的皮毛之相互依赖，也是天然的庇护。

蔽就像草，也是单独的一物，遮蔽或许并不是有意而为的目的，可能更重要的，是恰巧互相依赖，生长在了一起。

440

庄子说，为善无近名，为恶无近刑。可见他对善恶是同时规避的，都不大接近。

这里的规避，在我看来，体现的是个人和社会的关系。

个人行事，本乎天然，想来无善无恶。但有一外在评价如善恶在，就如劝诱。

但这劝诱，靠不住。

为善越多，名声越大，困缚于名，即不得逍遥。同样，为恶越多，禁锢于刑，同样不得逍遥。

庄子此处刑名，和晚清县太爷的刑名师爷相比，语义基本相同，社会型构也大致相同，可人的死死生生，不知道经过了多少代了。

但在社会中，善恶又是不能规避的，所以庄子这里也有"中"的思想。不近两端，乃为中。

另如，周将处于材与不材之间，也是一中，但庄子取中，也为不得已吧。按照他的本义，多半在说——其实，都不是。

441

庄子接着上一句话说：缘督以为经，可以全身，可以全生，可以养亲，可以尽年。

因有上一句为善与为恶的言说，想来庄子在此说的，是人在社会中的自我关爱之术。

　　善恶名刑，仁义圣智，庙堂之高，邻里之近，江湖之远，这些，并不是它们看上去的那个样子，似也不太重要。个人只拥有一个被给予的身体，然后有亲，有生，有年。或许在庄子看来，个人的身和生的不可替代，才是最重要的。

　　费解的是，什么叫"缘督以为经"呢？督，《说文》：督，察也；又目痛也。有注者解为：督，中也。谓中两间而立，俗所谓骑缝也。经，好理解，本义是一根根经线。只是督与经连在一起，就显得格外费解了。

　　养生气功，可能得力于此句尤多。庄子的话，都有大用。

　　但由于庄子的语焉不详，又直说此句的大用，我很费踌躇。

　　在庄子，是肯定的，得此一法，可全、可养、可尽，应该是人生的极致了。

　　我觉得有关"中"和"骑缝"的疏解很有意思。骑缝，如现在公司的合同章，盖在终将异地的两处，人各一份，又可以契合。另外，中，也因骑缝，而得以体现。看来，这是分裂的中，但又是一种信，和用。

　　人体也是有中的。人体上身的皮肤，可以在中部明显看到一道痕迹，像被谁缝合了起来，正好两边对称，有如骑缝。我想，这可能就是"督"了。

　　而庄子说，缘督，那可能是沿着这缝合……以为经——为一纵向道路的规定。由竖的缝合，转换为经的伸展，在此处，督与经，这两个字，的确和纺织的行为相关紧密，一如缝合和编织。

　　但庄子又是关乎人体和人生的，还关切着带来个人身体的亲人，可以养亲。我的感受是，庄子此句，或许在告诉我，把那中的骑缝之信，让它横躺下来，不需直立和向上，如做到有如经线之编织的展开，可能人生就完全了。

　　督，又毕竟是中，还可让人目痛。在个人有限的视野之中，凡看不清楚的东西，肯定是让人目痛的吧。好在人身之中，也有督，可以用眼睛直接看到。而经，也不过日常的规定，如编织时固定的经线，或如经典一般，为不容更改的规定，就是常道。

缘督以为经，我或可依据句式而理解为——沿着中道而行，并以之为人之常道，如此，或是可全之道，养生和达生之道。

442

个人，无疑都是孤独的。

对每一个具体的个人来说，除了生存，人并不有更多天然的要求。

我曾比较过尼采和克尔凯郭尔的孤独，我是有疑问的。

但是，如果不站在尼采式或克尔凯郭尔式的孤独的悬崖上，也无法体验到那种巨大的空无和孤寂。

那可能是一种止，只能那样站着，面对，是唯一可能的事情。

在九宫山云关寺前，我似有体会，感觉人就要掉到眼前的悬崖去，但颈后又似有什么东西，在牵着。

但我仍然是有疑问的。

中国的个人，在庄子和杨朱的解说之中，没有上述体验，似也不必有此体验。

因之，我还是更多关注中国式的个人，自古有之，也满目皆是，包括我自己。

443

杨朱说：实无名，名无实。名者，伪而已矣。

这是一种直观。如人，身体是实，人名和身体几乎无关，也非实在，所以，人可以同名，但可以是两个或多个完全不同的身体。

但当杨子说名者伪而已矣的时候，似过于简单。名，毕竟可听可闻，可以被人呼出和书写，不伪。但名，又是一个真实的不在。

道实无名。

但名有用。

在我看来，名，是一权宜，是一方便，有如小沙弥念阿弥陀，顺口念念而已。

名实如此看来像分裂的了。其实不。

实者自实，名者他名，自实不缺，他名为用，实如自名，不过如波鉴影或揽镜理容。

444

有时候心里空了，就是努力想，也想不起哪怕一丁点什么。

这，或许就是我找了很久的，那个心里空了的人。

有人常说，我把自己掏空了。掏出的，可能是银锭，也可能是心里的宝石。

掏空之后，或许心，成了一个纯粹起作用的器官。

445

空，在我的直觉经验中，可能是无外——身体里没有了外物。

没有了外物，无思无虑，无牵无挂，人，可能才得到休息。

此休息不是外在规定的假日，或可以支配的余暇。

人空了的时候，或许也在工作之中，只是想不起什么。

休息，或得以休息，这人或许才真的在了。

446

我在言说个人的时候，伦理就悄然介入了。

伦理在其初始，可能是在沉默中展示的生命的规则。

447

伦，《说文》：辈也。一曰道也。

人有生死相续，所以有辈；人的生死辈辈相续，也可以目为道路，生命相续的道路。

《周礼·冬官考工记》中有：析干必伦。此伦，是顺其纹理。这当是伦字的初始义。

所以，伦理这两个字，是很容易走到一起的，它们来源于最初造字时所指的人的行动依据。它们都是名词。

有关伦理，以后的引申义很多，但不脱人的行为对自然之物理的遵从。

448

问世间情为何物，直教人生死相许？

这个情字，多少有些让人无法理解。

《说文》说：情，人之阴气有欲者也。这句话，我看不大明白。

朱子说，古人制字，先制得心字，性与情皆从心。性即心之理，情即心之用。读后还是不大明白。朱子此见，过程的描述当是正确的，但似为一己之偏见，不能当真。

《礼记·礼运》中说：何谓人情？喜怒哀惧爱恶欲，七者弗学而能。读后仍不太明白，这里把情分析为七，其实，再分一些，也似无不可，但又似不足。

查甲骨文，似只能找到一个"心"字，那时的心，想来是完整的，也是唯一的，不容分析的。也许，只要说出或指示出了心，就足以说明一切了。

另查金文，也找不到竖着的心，和心相关的字，心都在那个字的下面，隐隐的，含蓄而又跳动。

但是，都找不到情字。

董仲舒说，人欲之谓情。这是我能找到的最能方便理解的话了。但，人欲，从来都不会一般地解释为情的。

《荀子·正名》中有：情者，性之质也。此句和朱子相当，多少有些含混。

《礼记·礼运》又说：人情者，圣王之田也。

此句或当重视。《论语》中恰好也有：上好信，则民莫敢不用情。

依我目前的看法，情，可能在此有所揭示。情，和上和圣王关系不小，好像和初始之心，关系不大。

449

实际上，我被甲骨文中唯一的一个心字震撼了。

我看到那么多字，有动物，有树，有水，有建筑，有器物，有话，有人的各种姿态……但，心只有一个。

确实，心不被分析，才是完整的。

450

确定者必执于一途。这或许是宿命。

给不确定者以确定。这可能是冲动。

完全不确定，无有立足处。

以上皆不可取。

可能的途径或许是：定乎未定，不定乎定。

如若这样，就有若行走了。

451

语言在其自身的系统内，当然是言说的。但这并不证明"不是人言说，而是语言言说"的真确。

如无人的生命介入，语言言说得再丰富，再精确，再真理，也是一死物。语言是要被激活的。

心灵的创造活动因有语言而获得了路径。语言在说的时候，心都在跳动。

语言是一张大地图，上面有很多路标和墓碑，指示出我们有可能到达的地方。但去与不去，是一个人自己的事，多少可以选择。

452

只是对一己之生来说，语言太强大了，人溺于其中而不得其真。

因之，确有很多人说语言之说，而非己说。这样，人说的，都是有似，隔着纱幔，如水过丘。但也有不少人，经由语言而找到纯一本我，那突然挣脱语言锁链的感觉，如光风霁月，冗枝尽脱。

453

我们日用而不觉的，可能是真正宝贵的。

有为之士每每欲改变社会，但在找敌人的时候，估计怎么也找不到这样一个觉察不到的敌人。

社会之变，的确被证明为不可避免。因为人心思变。

为了变，总会给出很多冠冕堂皇的理由的，维新也好，革命也罢，就是要折腾。

好在有很多我们日用而不觉的东西在慰藉我们。

等到真变了，大家可能才发现，原来失去的、那没有觉察到的日常，是真正宝贵的。

因之，我要好好珍视自己日用而不觉的东西，如果我真的有所觉察，对那消逝之物，我要好好怀念它。

454

现在我逐渐以为，人的个体之生，或可是一个单独的 0 的。

但人依赖于社会，依赖于性，依赖于食物，必须得从 0 中走出，成为某一个 1。

万法归一，归于一理，但也是归于某人之一体。

所以，0，是缺位，空着在。

455

人体是一 1，此 1 一生汲汲于成为一 1。

社会中人，无一，无可自辨。

所以，有人成为战士之一，守卫，或者去死，成为英雄；有人成为医生之一，为人刮骨疗伤……不胜枚举。

人在此一 1 中，即获得使命，也获得自欺。

所谓使命，恰是自欺的最好的形式。

只是这恰又是人自我辨认的方式。也是人自我关爱的方式。还是人自欺的方式。

我一直是在这个意义上理解庄子和巴门尼德的。他们守着一个可能的 0，把这个 0、这个空着的在，说出来，苦口婆心，期人自醒。

我知道他们对人生的悲悯。

我相信这不关乎真理。

456

一天一地

我

在其中

我是被这上和下时时触动和包容的

或许　这也是这个我

唯一真正能把握的

那一天一地

因这一人

有了他体内的覆载

人被覆载　即为幸福

457

再狭小的环境，人的智慧都能显现出来的吧。

这有如说农民的狡黠，或者说军事家的谋略。

因之，我这种社会学的理解是可疑的。

的确，对于生存中的人来说，任何地方，都足以表达智慧。

这可能正是智慧之所以获得尊重的理由。

458

我坚持那一刻的美和它的不可重复。

459

人多的时候，我觉得文字是纯粹的。字多的时候，我觉得心跳是纯粹的。

这个逐渐减小的过程，是身体的气息越来越少。

但问题又在于，没有身，这些都是感受不到的。

这似乎证明，任何时候，身体都是值得依赖的，哪怕厌倦了。

但肉身，又不是真身。

从肉到真，这里面的确有隐藏的道路。

460

当孔子说"天何言哉"的时候，我是觉得有一种深沉的大美了。

这也有如老子说，天地有大美而不言。

喝到酒的人，如果他不了解做酒的流程，是不知道还有糟粕的。

在这一点上，我觉得前贤思维一致。

问题是，后人执着于言，道术就为天下裂了。这有如江水向东，一去不返。

或许前贤心里惦记的是同一个东西——不言之言的道德真知。

这境界，也不是天人合一可以简单涵盖的。

我体会的是，必须用个体生命活出来此道德真知，不需言语而默会于心。

如能如此，个人，也就完成了。

461

食色，性也。此四字已经说出了个人生存的最基本的东西了。

食加色，等于性。这或许是科学理性的公式。但这个公式，忘了一个"也"字。

也，是一种语气，可能是感叹，也可能是悲悯，还可能是赞美，更可能是悲欣之后的轻淡描述。也就是在这个"也"字里，我听到了中国传统文化的叹息之声。或者说，我在这里，听到了声音，很轻微但又很深厚的声音。

这声音不是语词可以直指的，或许只能在生活进程中的某一刻听到。

听到之后，这声音让人似有所得，有所领悟，有如一缕轻烟从化为灰烬的木柴的形骸抽离出来，淡然上升，直至无形。

而这逐渐无形的过程，有我最珍视的精神。

462

个人若欲完成自己，必赖此身以完成。

一株草，从地里长了出来，除非它不愿意成为草，它再不认同，也怎么着都长着草的身体，在这样的认识中，它的草的一生，估计是完不成的。

俗语说，人生一世，草木一秋。这是常识提供给我们的真知和真理。人生不过如草木。但人之所以为人，恰是不意欲自我如此简单确认。

人的伟大，可能就在于人不愿意就这么认同自己为人了，人于是还可以成为神、仙，甚至上帝。

尼采即是这种取向。人将变得更善和更恶——尼采这样说的时候，他是假定了人的发展和更异质的可能。

而我认为，人是不可能有发展的。

我认为人在其个体之生中，只能有对自我的关爱或者提升。但纵然关爱并提升着，人，仍只是一个人，而不是别的什么。

在不同的语词中，人们理解人，也是不同的。又在社会中依据不同的尺度，分为三六九等，这是人自我设计的尺度和主观的诉求。但人，一定只会是人的，其他的，都是次要的——到头这一身，难逃那一日。所以，人只有在认同自己为人的时候，才是认同其他的基础。这有如未知生，焉知死，也有如先行到死。但是，我的说法还是，其实都不是。

另外，人高于动物的偏见，也是如此。人是高不过动物的，人和动物总是天然的平等着的，都不过共同享有一个自然身体的生命。人的劳作，苦乐悲欢，不过自取，有时反不如动物顺天而行。人控制动物和环境，与动物和环境反过来控制人，是互动的，共时发生的。

还有，人在自然之中的优越地位也不过是人的自我赋予，有如意淫。

人如真切的拥有自然之子的意识，并有所自树和自律，或可表达出人性，或者个人性。

所谓人类文化，也不外由个性之推动而形成一族群文化之个性。

因之，文化就是这么软的，随时可弃，随时可用，随时可以修改或者调试。但对于在世的个人来说，文化可以是一件衣服，喜欢就穿，不喜欢即脱；也可以是束缚，让个体无法达生和自我确认。说来说去，文化不仅要在每一个体上借体还魂，也在某一个体身上有所变异或者创新。

我的意思就是，纯然的生，胜过任何文化。纯然的生，本身更文化。

我相信意欲把握个体生命之真的个人，都会——善待之。

463

习惯了说——个体。

但在汉语中，个体到底是什么意思，也不过默认，一般指单个的人物，这也是习焉不察的事情了。

查甲骨，没有"个"字。《说文》中，也没有"个"字。

查《康熙字典》，《仪礼·大射仪》司射入于次搢三挟一个。又一人曰一个。《左传·昭三年》齐公孙灶卒。晏子曰：又弱一个焉。又物数。《周礼·冬官考工记·匠人》庙门容大扃七个。这是文献中，有关"个"的最早的纪录了。说的，也是人和物的单个。

有关个，应该是无可怀疑的了。不过，《六书本义》中说，个，竹一枝也。《史记·货殖列传》：竹竿万个。从竹省半为意。这个说法非常有意思。我是知道竹的，竹叶，都是一个个"个"字。把竹字省一半，就是个了。

体，本字是"體"，形声。从骨，豊（lǐ）声。今简化为"体"。豊，却又像是疑案，有说成礼的，有说成丰的。如《说文》，豊，行礼之器也。从豆，象形。凡豊之属皆从豊。读与礼同。卢启切。在我，我是更愿意看成丰的。丰，是谷物成熟的形状。

这样，我在个体中，看到了一片竹叶和一个成熟的豆子。

这样的想象，或许只有汉字才有吧。

464

个，繁体又写为：個、箇。

竹竿万个。——《史记·货殖列传》。正义："竹曰个，木曰枚。"

我想，最早的个字，仍应是——个。以后字多了，所以有单人旁的和竹字头的。

量词在汉语中的独有性，大概来源于古人对生活场景的体验。如枚，本义指的树干。枝，则说的是枝条；说的是同一株树的不同的部分。

个、枝、枚、条，都指的数量，但都没有完全抽离物象。

所以，我们有丰富的量词可用于不同的场景。

而人这一个，感觉既被比了，也被形声兼会意了。但人，还是一個或者一箇。

这一个，肯定不是黑格尔意义上的那一个了。

我在"个"字里，看到人和自然的兴会，看到个体的人的活动空间。

汉语的"个"，允诺了人在任何场景下的单个的量。

465

单，大也。——《说文》。

段注："当为大言也，浅人删言字。如讠加言也，浅人亦删言字。"

查甲骨文，单，原是捕猎用的工具，作"丫"字形，后缚之以石，以便于狩猎。

从初始看，单，就是这样一种物件。如此，段玉裁是错了。

我之注意到单字，主要缘于汉语中此字各种义项。我们一般说单独、孤单、单位……有一人一物区别于他人他物的意思。

我经此知道，单，首先是一种大，然后是一个一。另外，还有衰弱的意思。如，势单力薄。

单，是一个奇数。其实，每一个人，都是奇数。

但通过单，我知道奇数可以是一种大，也可以是一种弱。单在汉语中，和人狩猎的工具，有最初的关联。

一个"单"字，已经是如此复杂了。

落单的人，有如部队中掉队的人，是弱小的。弱小的，一般又容易被强大的他物支配或者宰割。这有如猎物。

人狩猎，一定是单个单个地捕获的。

我想，单，是人从自身的行为中抽离出来的，有关对象化的单体的理解。

不这样，甲骨中不会出现这么一个有关狩猎的字。

466

竹叶青青。竹山上，一根根竹子挺拔有节，中空无物，非木非草，可能由于有竹这种植物，南方才是南方，才有苏东坡格外的寄托。

人和竹子比肩而立，我想有人会想到自己的骨头吧。

人的身子骨，也是有节的。

然后，节不觉被人赋予了道德价值。

我喜欢的是，道德是有形象的。

随之我想到气节。随之，又想到道德是有呼吸的。

这或许证明中国文化的传统的道德观，是切近的，和身体紧密联系的，甚至就是人的呼吸和骨头。

有此感受，呼吸即可；可以吸进一口长气，也可以呼出一口长气。

竹叶青青如手指，鲜嫩的绿，不仅有生意，似更有因此而确认的坚定。

竹叶触处，都是一片天空。

467

品，有三个口。

有什么事情值得我们三用其口呢？在汉语中，我们有事情是可以三缄其口的。

三缄其口，或可说成是想说出一件事，但封闭了多次，像说了三次还没说出来。

品。《说文》解释为：众庶也。从三口。凡品之属皆从品。丕饮切。

品为会意，代表人。三口，代表多数的人。品的本义，即为众多。

或许后人因此有众口一词之说。也有众口铄金之说。

《康熙字典》中，《广韵》解释为：类。又，二口则生讼，三口乃能品量。又官名。

这种解释，在三口和类之间，很有意趣。

两口，只会争执，三口，却成类了。这是中国智慧。

我喜欢的是，三个口，不觉成了天下诸物的品类，还在汉字中保留了味觉。

468

口，人所以言食也。——《说文》

口为甲骨字形，象形。

口是奇特的，是人进食的入口，也是人表达内心的出口。随后又把人叫人口。

随之，口获得了独立的语义，凡交通要冲转运之地，也必叫口。

一个基本的象形汉字，有了地理学上的意义。

不过，地理之口，细究不脱大众悠悠之口。一地有一地之地利，我们在一地获得口粮，又在另一转运之口交换有无，以补某地的不足，即口的不足。

至于精神之口，古有"防民之口，甚于防川"之说。

不觉有了口的政治学。

口，是一象形的描画，但丰富无比。只要有口在，口的意义就没有穷尽。

另外，口的最高级，可能也不是言，而是歌唱。口只有在歌唱中，才能填完人生在世的各种鸿沟，使各种局限获得短暂的解决。

对于歌唱之中的每一张具体之口，最好的态度或许是聆听，而不要打断它。

469

味，是无法辨明的。但味，是一种滋味。《说文》是这么解释的。

苏轼说，味摩诘之诗，诗中有画。味摩诘之画，画中有诗。
苏子给我们提供了另一种味觉。

但人生是多么地无味呀。
那叫作滋味的东西，是什么呢？

滋，可能指的水，从地缝中汩汩而出。水滋滋而出，或许能比附我们口中的滋味吧？

味，只能落实在口中。但什么是人间至味，想来是没有谁可以说清楚的。

味的形声，是很有道理的。

我们的滋味，或许都只能在一己之口中，去体味。

470

个人是无权提供尺度的，但个人可以选择自己的道路。

信仰是普遍化的，为大家提供的，好与坏，说不清楚。但这并不妨碍个人有自己的信念。

471

味觉和味道，这两个词很特别。

觉，指人的醒，指从那个昏昧的黑甜乡中出来，所感受到的醒。

在汉字中，所有的觉知，都有如醒的状态。

或许人的所有的感觉，都有如人的醒。

这很好理解，我们都知道自己是怎么醒的，醒来后会如何。

所以，味的觉，也就是这样一种醒吧。

而味道，更不好解释。道，兼有形上和形下，聚合了经验和玄思。这味道，想来是可反复品尝和经验的吧。

我感兴趣的是，为什么味这个字同时能兼容觉和道呢？

觉和道，乃是至为抽象的，虽说它们在汉语中也是简单朴素的。

我仿佛感到，味和觉和道，都有身体沉浸其中的状态。我可以说，味，是一种醒，也可以说，道是一种舌尖的驻留，还可以说，觉是一种突然的看见或者自我的体察。

不管怎么说，这些都是很奇特的。

这身体经验的过程就保留在这些字里了，也可以在不同的身体中被唤醒。

472

当我看到一朵鲜艳的花，我不觉停留在那种鲜艳的感觉上了。

可鲜艳是一种什么感觉呢？我只是有此感觉，就不觉用了"鲜艳"二字，这是文明传承的，自然正当，也不错，也符合语用的习惯。

只是，我现在看到这个"鲜"字，有鱼有羊，《说文》解为：鱼名。出貉国。从钱，羴省声。相然切。为会意字。从鱼，从羊。"鱼"表类属，"羊"表味美。从这个字，我看到了鱼的身体和羊的味道。艳，会意。从豊（fēng），从色。豊，丰大。艳好理解，是谷物长成后的视觉体验。但鲜，就不那么容易体会了。

在一朵花中，鲜借用给了视觉。这证明了通感的原初发生。

再退一步，回到本义，鲜是口舌的味道。此味道，是鱼身和羊味构成的。

或许，鲜字的形成，有把羊比附鱼的趋向。如此，古人或许是先吃羊，然后再扩展为吃鱼的。

看到鲜，我不觉想到这样一个句子：鱼就像羊那样的味美。

美，在汉语中，和视觉和味觉，都关联着的。也和羊有关。

鲜，单字本指的某国之鱼。

这种鱼，或许恰是我味觉缺少的那种鱼吧。

但在汉语中，我们都共享了那种鲜。

473

现代汉语之所以叫现代汉语，可能就在于其本身即是现代性的一部分，不自觉打上了"现代"的标签。

只是，所谓现代是非常可疑的，不仅需要认真反思，还得认真体验。

原因很简单，现代的，未必就一定是好的。如此，现代汉语，未必一定是好的汉语。

汉语就是汉语，原用不着标识古代或现代的。

但现代汉语是一个我们在日常中经验到的现实，又必须面对和使用。

这样，问题不觉变成了——我们应该如何言说自己的生活？

我们不免要说话，可惜的是，我之所说，经常非我之所想；我之所想，又经常非我之所愿。

人心原来是可以被语言过滤一次的。

而那个本心，或许只是总在尝试着表达或者模拟着表达。

474

语言终究是一场努力的失败。

475

仍然只有 0，在守护我们。

它以它空的框架和纯形式。

它以它清空了的开放性允诺我们。

476

人不至孤立，是体验不到缺席的。

人不至长久孤立，也不会发现，还有一种权利叫"缺席的权利"。

在社会的牢狱之中，缺席是被剥夺。

在个人的牢狱之中，只是自闭。

但缺席，是可以成为个体的权利的。

这或可如下表述：人可以有免于参与的自由。或者说，人有拒绝进入游戏的自由。

缺席允诺的是，游戏是可以选择的。

而个体选择缺席，是昭示的一种新的可能，和对自身的关爱。

477

应该说，我爱上夏天独有的热了。

从空调房中出来，我推开门，迎面是一股热浪，接着听到了铿锵的蝉声，那么有力的声音。

我的汗在涌出来，像武侠高手逼出体内的毒气，它们在我的衣服上留下痕迹。

478

人而不仁，如礼何？人而不仁，如乐何？

孔子如此无奈的时候，可能是碰到了拒绝归化的"钉子户"了吧？

礼的社会规范和硬性指标，无作用于此人；乐的春风化雨，也不及此人，此人，想来是又臭又硬，无可救药的了。如孔子的判断，原因在于——此人不仁。或者泛化为所有那些——不仁之人。

礼乐，想来是孔子的方法论。周礼向来如此，理当遵从，不能僭越。乐，润物无声，一般是很见效的。

此人还不是民，当是贵族家的子弟了，不想败坏如此。

479

我感兴趣的是——仁。在孔学的架构中，仁，是礼乐这些外化之物的内在推动。

儒学为仁学，大致可以这样说。

《说文》解释为：仁，亲也。从人从二。忎，古文仁从千心。

忎，我在甲骨中没看到这个字，在郭店楚简中，有相似的字，为上身下心，释为仁。

之所以释仁为亲，可能是因为人与人或亲戚或亲近，都倾注了不止一千颗心的缘故吧？

如此的话，仁可以释为关爱。旁证的话有——仁者爱人。

480

程颢说，心如谷种。生之性，便是仁。

这句话，也就是个修辞，不是清晰的。不过，程子譬人之心为谷种，允诺的是人性如种子那样的生长的可能性和规定性。

依此修辞，仁是人的生之本性，心如谷种，只要人心成长如谷种，人生就是仁的。这话在汉语中还有根据，果核也可以称为果仁，因为此仁，有程子所谓的生气。

但这样推理下去，心与性，更说不清楚了。

后人很容易解释仁为：二人。以人之相对喻人之相亲，推导人的社会性。《六书正伪》中说：元，从二从人。仁则从人从二。在天为元，在人为仁。人所以灵于万物者，仁也。

另《欧阳修·送吴子京南归诗》有：我笑谓吴生，尔其听我言。颜回不二过，后世称其仁。

以上两例，都有对二的重视。

不过，这些解释比较起来，还是不如千心那样朴素可感。

另据郭店楚简，合起身心即为仁，更有意味。

481

记忆，不过是些曾经在场的印象。

记忆之被记取而不被遗忘，可能也不过是人维持自身统一性的偶然之作。

之所以这样说，是因为有太多的事，无论如何也想不起来了。

记忆的偶然性，当由个体主观的兴会确认。

此个体主观，不外乎成己——因记忆成就了自己。

记忆之象，有成己的安排。

只是如此安排，简直和虚拟没有区别。

482

疯掉　是件很容易的事情

生活的问题可能恰恰是

如何才能保证不发疯

483

古人期待心如明镜，虚涵万物而无尘。

实象虚象，皆可一一妥帖，收藏于心。

这个喻象，是一个很好的认识模型。

我的想法要粗糙一些。我的模型是一口池塘。

人与人相遇，人与物相遇，人还与各种认识之象相遇。

这口池塘，是个体的人的相遇之眼。

乍一相遇，有如光照。而池塘，首先是把大部分的光，反射掉了，余下的小部分光，才被水体接收，形成直射和折射。

如此反复，时间再长，可能还是这一口池塘。无非是水多水浅，时清时浊，夏日蹦出青蛙，冬天留有残荷……

这是我的池塘隐喻。

我的意思是说，人的内心这口池塘，真正能接纳的东西是少之又少的，就算接纳了，有时也不免折射，让本来直直的光线，弯曲了很多。

484

我喜欢老黑格尔的一句话——不存在离开骨头的精神。

我在诗学的意义上理解此句。

我的意思是，偶尔不拘泥于语义，把老黑格尔的一些话当成正确的废话来读的时候，非常诗意。

其实在我们的视觉中，人的骨头是无比黑暗的。社会如出现饥馑，我们才能看到最为接近的骨头的形象，即通常所说的皮包骨，足以让我们产生疼痛甚至恐惧。

能直观到的活着的骨头，那将是一种什么样的情景？

视觉多半也是观念塑造出来的。其他的感觉，也大多如此吧。

我突然想到一句诗：可怜无定河边骨，犹是春闺梦里人。这句诗，让我在汉语中连接骨头和精神。无疑，这是苦难的表达。汉语言说苦难的能力，向来不差。至于张志扬先生所指出的失重，可能多存在于现代性后的革命话语吧。

不存在离开骨头的精神。

黑暗的骨头，可能在黑格尔那里是精神摆脱不掉的污点。

在我，隐隐感受到这黑暗，就是支撑我们精神的钙质。

485

就像需求在很多时候是被制造出来的一样，疼痛和同情，也是被制造出来的。

我们对他者的想象和他者对我们的期待，经常就纠缠于这种相互理解的企图之中。

这也如中国文化的特性，或者他者想象出来的中国文化特性。或有如巴尔干，代表着欧洲的疼痛想象。

还有我们有关地方的知识中，也大多如此。

这让我认为，我们有关地域的了解，也大多是由于想象构成。

在虚构中建构，是我们的问题，非常可疑，但也同时表达着我们的创造性和自由。

486

个人，大多是被尺度耗尽的。

487

不同的文化造就不同的个体。

在当下，对弱势文化来说，捍卫本地方的个体，成了使命。

可以预见的是，在全球化的荡涤之下，并不是无物留存；但地球村也未必就一定是民俗文化村。

文化交融和对话，同时也是争执和谈判。

强势文化总是打着普世的、共通的、先进的幌子，按自己的文化逻辑制造个体，纳入个体，整合个体。

相应地，强势中有弱势；弱势中有强势，但都在努力扩充自身的疆域。

一种巨大的可能性因此出现。

488

个人，是一种偶然。

个人除了身体的单个的规定性，不存在文化和心理上的单个的规定性。

一般都是，有个体，而无个人。

如果不是天主教和基督教那种上帝和个人的关系，或者说如果不是那种独特的文化，西方所谓孤独的个人，并不存在。或者说，那种文化造就了那种个体——碰巧有了，十分偶然。

如果真有个人，那也是庄子的个人，是自己总和自己守在一起的个人，但后人真能理解庄子的，又太少，不过把庄子当成了一种应用方式，如无可逃，就只好用之，如发达了，弃之如敝屣了。

只有庄子，是舍得把自己的界限打开的，敢于粉碎自己的身心的规定的。

这是反向的勇气，而我们只要有机会，都习惯向前看了，要去获取了。

489

另一方面，人只有走回到自己，才能体验到希望。

490

我不觉中区分了个体和个人。

个人，都是伟大的和不可重复的。历史上，少有这样的个人。

我们大多都是个体，有如王晓波说的沉默的大多数。

我是一个崇敬个人而胸怀个体的人，但又是一个不愿意做代言人、只愿意自说自话的人。

我在很多的个体生命中，感受到美、快乐、同情、悲悯、苦难、愤怒还有爱……

我知道我说的很多话，都落入汉语自身的窠臼，难有新意，有时候只是一种情怀。但是，通过看甲骨，我看到了很多先民的活动，被保存在其中，那都是曾经火热的生活，或者说无奈的生活。我操着这样一种语言，并深爱着这种语言，有归附感，有家的感觉。甲骨中那么多人的姿态，都是我的亲人留下的遗照。

因为汉语，我不会赞同任何形式的兄弟相争、手足相残。巨祸，大不过萧墙之内。

我想，任何可能性和未来，无不在其文化的指向和限度之中。而欲成为个人者，大多假天下而私一人，特别在中华文明所处的语境之中，天下，可以是天子的。袁世凯的例子，似就有这种惯性。

为政者，可不慎焉！

但奔走四方的代言之士，智计百端而不识大体，欲成一己之智而害家国苍生，此士当诛！为害中国最多的，是这一群人。

我想，只要心怀生民，想到每一个个体的生，代言也未必不可，只是中华文化中缺乏这样一种制约，让这些士人每每借尸还魂。

这是些狡童、文化撒娇者、风流自喜者、炫智成己而害民者。简单说，这就是一些所谓的文化精英和奔走之士。

我想，恰是这些人，应该自省，多一点自我的拷问。

我有一个简单的理由——凡不属己的，都是可疑的，需要追问的。

491

我的结论因之是：个人，几乎是不可能的。个体，总是在某一文化之中的。

还有——个体是幸福的。个人，是疼痛的。

在个体和个人之间，有一种人，是士，这些人，是最可鄙视，或者说值得同情的。

个人，是庄周或者孔子。士，是苏秦张仪或者诸葛亮。个体，是我们。

492

妥，《说文》释为：安也。

妥从爪女。爪在甲骨中，指的是手。此字为会意字。

之所以释此字为安，是因为这个字呈现了这样一个场景——男人以手，抚摸女人。男人的手在上面，女人在下面。

经此抚摸，女人得到了安慰，男人获得了安宁。

这个字里的情感，有点厚，是从心里造出来的，有男女都能感觉得到的体温。

而安，就是指女人在房屋之下，因此有静，有定。

进而有妥帖一词。妥，自然是近的了。帖，也是指没有距离。

也许我们说不妥的时候，在汉语境中自然有不贴近的意思，还隔着，有距离。而妥协，自然指双方共同到达了一个都能认同和接受的位置。

还有释妥为男人抓到了女人的。这里，可能有抢亲的意思吧。不过，纵然如此，经由暴力，那个施暴者却安宁了。

493

宁，本作"宓"。从宀（mián），从心，从皿。表示住在屋里有饭吃就安心了。后世假"寧"为"宓"，"寧"行而"宓"废。今用"宁"字作"寧"简化字。"宁"本读 zhù，是"贮"的本字。本义：安宁，平安。

"宁"字是后人弄错了，但估计也错得有理。

人心本难宁，今人也难得在家中安心吃饭，就算勉强有口饭吃，终不得安，吃时也不免惴惴。

而"宓"之错为"贮"，我感觉真的错得太近了。人吃着眼前的饭，时时又想到明天是不是有饭可吃，无财无物以贮，能安宁么？

至今有俗话说：一人吃饱，全家不饿。这是无家室之累的人。这种快乐，是可以感受得到的。

对有家室之累的人来说，贮，这个"贮"，有财物之积存，或可稍觉到安宁吧。

由此可见，后人在选择一个字的时候，有时不免带入了自己当下的生活感受和心理经验，并且还能凑巧错在一起，错得很一致。

494

当下的汉语环境，人的言语和行为之间，是有距离的。

基于这样的判断，我之所以说，也不过恰好呈现出了这一言说空间，即距离。

如果知行合一，或言行一致，日用而不知，那可能倒实现了汉语的目的。

但是，如果一种语言对个体的自我认识构成障碍，或者蓄意设置障碍，这种语言的合理性，就很成问题了。

这自然可以联想到福柯所说的言语和权力间的关系。

但问题是，一种权力话语如果和人的行为及内心越来越有距离，这权力的有效性，也是值得人怀疑的了。

因之，语言和政治，关联度是极高的。

只是，合理的政治自然会有合理的语言。

并且关系到每一个个体的日常生活中的言说。

495

不能简单被确认的东西，都是可疑的。

语言也一样。

我不觉面对着三个东西：文言，白话，现代汉语。

第三者最可疑。也只有第三者不能被放心使用。

也就是，现代汉语，是个真实的问题。

496

在夏天走过树木，树木枝繁叶茂，是复杂的，积极的，那茁壮生长的力，就像人的野心和欲望在膨胀。

而当我在行走中想到"木"字，觉得这个字是多么安静和简约呀。

我想，木，肯定是在深秋被人写出来的。

当这个字第一次出现，那个场景一定是很美且让人震撼。

四季之木，可能在那一刻都停了下来，像获得了什么。它们被人，用一个象形的字，概括了。木，有根有枝有干，这个字，也不是一朝一夕就可以造出来的，其中有人对树整体的认识，是概括的，但又不抽象，还有简约的美。

因了这个字，木不仅在自然中存在，在人心中存在，还在人/文中存在了。

木后来又被人发明为纸，纸上随处可见带木的字，它们是一种什么样的相遇呢？

497

西方分析哲学汲汲于语言，在里面寻求真、意义……真理。语言里有没有呢？答案是肯定的。当然有，但肯定不是全部，也不彻底。

中国禅宗汲汲言语之外，在言外寻求人的自性和自悟……言外有没有呢？答案也是肯定的。当然有，但肯定不是全部，但相对彻底。

就像一个数轴，分析哲学往正数的方向走，禅宗向负数的方向走。

但甩掉语言的那种超越感，相对于在语言链条内部获得机器装置般的精确感，似更自由些。

另外，在获得知识和获得人生自我之间？谁更重要呢？

也许都是需要的吧。如果鱼和熊掌不能得兼，那又当如何？

言内和言外，最少，当有两种态度了。

498

在中国，很多所谓的公共知识分子，不过有如希腊城邦的智者而已，不务正业，却有着独有的诡辩术。

这是一群抢着发言的人。说的，却不是属己的话，是否代表正义公平，也是很让人疑惑的。

在这个意义上，苏格拉底之死的价值才显现出来。

我觉得，正是苏格拉底的死，才能催生柏拉图的哲学，使智者无颜现世并被后人不耻。

在中国近代，有谭嗣同和唐才常的死，可惜几无结果，因为逃跑的智者，占了多数。

不过，可能正是因为国人中还有类似谭嗣同这样的血气和智勇，中国才能结束帝制，走向共和吧。

这一点元气，弥足珍贵！

499

人心可能皆如种子。

在没有发芽的时候，种子是完全的，也是善的。

只是当种子发出芽后，它体内蕴蓄的规定性，就只能如此而不能如彼了。

当第一片芽生发出来，善可能就不存在了。

芽缩小了种子的善，甚至成为恶。

生长就是恶的。

生长就是要获取和克服。

萌芽之恶，恶得很纯粹。这有如人之要吃饭。

人必须吃，所以，也必须原谅类似吃这种自我的恶行。

500

文字有形可辨，但是，声音消隐。

如果还有机会，我肯定会触摸到汉语中几近失传的语音。

501

马祖道一曾派人给道钦禅师送一封信，信被打开后，只是一个

"0"。道钦看后，往 0 中加了一点，又送了回去。

南阳慧忠国师听说了此事，说，道钦这样的高人，也被马祖迷惑了。那意思是道钦仍有所执。

这桩公案，我或可如此看——

马祖以普遍之圆，呈现真如，也算是一种交流。

那么道钦是否如慧忠国师所言的被迷惑了呢？我看未必。道钦此点，即是我也，就像表达"已阅"一样。圆相真如中，自是有我，我如淡化，自归真如。

道钦此点，当可看成此次交流的记号。

道钦是大觉，如原样返回，就落空了，那不是信。加了一点，就有了信，就像身体把这个圆相轻轻碰了一下。

不知马祖道一是什么反应。我想，可能他会笑笑，而后放下，呼出一口气。

如慧忠国师所见，这给普遍真如增加的一点，肯定是有所执了。但如果从不执的角度看，为什么一定要执着于这一点呢？

其实，在这个 0 中，有恒河沙数的点，是数不完的。我倒喜欢道钦的这一点，好像看到他，正是他，在恒河沙数般的点中，站了出来，给马祖道一打了个招呼。

502

童年就像生命本身一样，是小的，童年的世界也是小的。

有时候说起童年的大山，长大后再看，不过一个小土丘大小。但这个土丘，也仍然是一个完整的世界，这个世界因为童年的好奇，极尽精微，一草一木，一虫一蚁，都那么精确，并且固有不失。

可能因为有过这样的精微的童年，人所以能获得理解和把握事物的经验。

成人的世界，也不过如童年土丘那样的游戏场，所做无非游戏，所遇无非玩物，但又做得认真，时有悲喜，也有趣味，这样做下来，人不觉大了，老了，生命就那样经过了，传递了。

503

面壁，可能面对的就是一种绝对的不可能性。

那种不可能性那么坚硬地闭合着，不可开启。

达摩与不可能面对，破壁，多半只是传说，就算壁永远不破，在不可能的对面，达摩捍卫了自己的自性。

504

面壁，同时也是面对着一种现实。

也是交流。

而坚持面壁，这行为就不能以常理论了。面壁十年，超越了常识。

壁，是一种现实。人，也是一种现实。

在壁不可破的不可能性面前，人的身体的规定，亦如另一种不可能。

两种现实，对峙着两种不可能。有如人和自然。

505

术业有专攻。人在某一行浸淫久了，会时不时斥责后来者的肤浅。

肤浅是个什么意思呢？

根据王力先生的《同源字典》，肤与麦麸的"麸"同源。至于到底是先有肤字还是后有麸字，于史无证，说不清楚。不过，我倒相信这个字是人和自然的互证，人因对培植麦子的专注，进而反观自身，从麦子中分离出"麸"，与从人体中分离出"肤"，这个过程是相互的。人的实践，经常就是人自身的镜子。

"肤浅"两个字，甲骨中均无，均见于楚竹书。

浅，形声，在竹书中，水在下面，上面是戈形的声符。同样，深，也是形声，浅和深相对，造字时，似已无法象形兼会意了。以我的说法，深浅皆为心象，是从实践中来的经验反思。

如不是这样，肤和浅，难以走到一起。水浅，是身体的体验，经验而后的心象，浅的水，有如人的皮肤，是最先可以触摸到的底；或者反过来，人的皮肤，有如麦子的表皮，也有如浅水的不没脚踝，一下子，就探到了底。如果真是这样，这些字，都有人体在其中经验过的痕迹。

再看"肤浅"这两个字，一个是皮肤，一个是浅水，都是很清新的表象，也不一定是贬义吧？

506

个体的宿命在于——我们都不可避免地且只能如此这般地用个人最真实的生命展现和承担我们生活于其中的、那个幽灵般的、狗日的时代。

507

自我，是个体的内边界。自身，是个体的外边界。

自我不可见，但藉此，个体得以关爱自身并与他人他物共在。

自身唯一，但是能动。自身昨在彼而今在此，有时恍若隔世，不辨己身，有时感通万物，又若一草一芥，幻化万端，一个真实的自体，又如鬼魂魅影。

508

想象太多，即是亵渎。

509

主体幻象这个主人翁来了又走，像艾略特笔下附庸风雅的贵妇，嘴里念着米开朗基诺，或者别的发音怪异的词。

此前，以天下之大，华夏文明之悠久，我们是有主体的共同想象的——学成文武艺，货与帝王家——士人的主体想象，此句颇能表征。

如果细加考究，这种中国式的主体想象，也不过是华夏文明自身演进所固化的族群认同。但由于近代异质文明的介入，由自大而至自卑，那个中国文化的主体，终如晚清的辫子，剪而去之了。

主体对自身的想象，或主体依此想象而建构自身，多半是本土的，地方的。一地有一地之主体，这有如黑格尔的主人和奴仆，因为唯有某地，才能有某地的主人和奴仆的生成。甚至，我可以说，主体想象就是由世界地理范围内的主人和奴仆共同合力建构起来的。

与主体想象相对，是主体幻象，不在之在，既不本土，自无主人，指向的是他方，或者欲达到的一个地方——目标——一个眼睛可见之物的隐喻。

主体之能想象，说明主体之强势。主体之幻象，说明主体之仆从的弱势，或者经由自身，生发对主体的欲望，却正好实现了主体的强势。

这或许就是对立统一的形象化描述，咬合的二项对立，相互依赖，又相互确证。

只是，主体最终成了幻象。因为，前此的地方性的主体，必须幻化为世界地理性的主体了，主体的身体，必须像资本由具体的黄金抽象为数字那样，在各种交通工具中，在时空中幻化，不辨是真身还是法身还是幻身。主体的肉，变轻了，像没有了重量。

当然，主体的想象，依然残存。

主体的那个世界地理化的过程，体现的是主体通过什么手段自杀的。

这一宗命案，无人获利。

510

我可能得这样理解进步和发展。

进步——鸟在泥地上走，鸟脚只能前进，不能后退，鸟留在泥地上的脚印累积向前，是进步。

发展——箭射了出去，人转动了自己的身体；或者植物发出芽叶，长出枝条，有些蓊郁了，这过程，叫发展。

511

按德里达的说法，文字是写下的存在。但是，我也可以说，文字是写下的剩余。另外，我还可以说，文字就是特权。

禅宗不立文字，不立，即不执着，这种取向，我很以为然。历时地看，文字，本就是人的生命体中多出的部分，就像在部落社会中多出的财产；多出的，都是剩余的。人和别的自然生物，本区别甚小，如得享天年，自是实践了天命。在自然中，本也不缺少什么，也不剩余什么，所有生物，随取随用，足以养生，养所有可生之生。

只是由于有了人，不觉有了剩余。人和自然其他生物的区别，恰在于因人为而有了剩余。剩余，使人区别了所有别的自然生物。

阿拉伯人最早纪录的，即是人的剩余之物。中国人结绳记事之时，想来也是因有剩余，而有所筹划和安排。不同文明的社会，可能其文明，都是因有了剩余之物，不得不重新筹划，不觉文明因此得以建构。

生是野的，如猫叫春于夜，有欲求，就叫了，如实现了欲求甚或累了，也就叫不出声来；牛沉溺于草，见草即食，反刍之余，发出声音，同样自满自足，没有多出什么，而生物莫不如是，只有人，是例外了。

人有剩余，但人也有死。人死后，得有血缘关系清晰的后人，才有合理的继承此剩余的权利。最简单的图式，即可由此推出——为了那剩余之物，得判定血缘，分别男女，划定家庭和血亲后裔的范围；进一步，于是有家有族，甚至有了国家。

文字的外观，无外乎刻画。刻画使记忆清晰可辨，也可以得到证据。并且，这刻画本身即是权力产生的机缘，谁能做此事，谁不能做此事，这有如商朝的贞人，在当时，也只有他们，才能履行此事，并进行合理性的释解。

因此，我视文字为多出之物，一如部落社会中多出的财产。

文字因此不过是分发剩余财物的方法，或者抚慰现世之生的心理慰藉。但在其初始，只是主人的，贵族的。

不觉，文字可能是英雄写下的存在，或贵族财物分发和继承的记录。

人的剩余之为剩余，在于它可以无限扩展，抽象的如贵族之礼，终可以下于庶人，具体的如财富的扩展和增殖，不觉蕞尔小民，也可自珍自摄于自家之物，厘清所得了。

如仅就文字看，倒真有可能的是，文字就是有关物的分配的方法论，然后扩展到人际。

从人的日常看，我们都过着享用剩余的生活。

512

卢梭在《语言起源论》中说：描画物体适合于野蛮民族；使用字句式的符号适合于原始民族；使用字母适合于文明民族。

海涅在《论浪漫派》中说：你们可知道中国，那飞龙和瓷壶的国度？全国是座古董店，周围耸立着一道其长无比的城墙，墙上伫立着千万个鞑靼卫士。……那儿的人尖头尖脑，蓄着发辫，留着长长的指甲，见了面打躬作揖；论性格老成早熟，说的却是一种孩子气的单音节语言。无论是大自然还是人都像是一幅荒诞不经的漫画。在那儿人和自然彼此相见，都会忍俊不禁。但是他们俩都不会高声大笑，因为他们极有教养，彬彬有礼；为了忍住不笑，他们就绷着脸，装出极端滑稽可笑的怪相。在那儿既无阴影，也无远景。五彩缤纷的房子上面，重重叠叠地垒起一大堆屋顶，看上去就像一把把撑开的雨伞，屋檐上挂满了金属的铃铛，清风过处，发出一阵傻里傻气的叮当声，连风儿也显得愚蠢可笑。

在上面这两段话里，有一种相似的有关语言和文字的见解。有关中文，在卢梭的见解中，当属于原始民族。海涅认为中文的发音是孩子气的单音节。这不由得让人想到"五四"时期，有人想废除汉字，走拼音化的道路。

好在保守的人还有不少，汉字虽经简化，毕竟留了下来。

最怪异的当属越南，发音和姓氏都有对应的汉字，但汉字废除后，只能用法国人设计的字母文字了。在越南，语音和文字之间，有一道沟渠需要跳过。不知道越南人是如何体验的。

真正愚蠢可笑的，当是偏见，而不是别的什么。

我想，如果不是甲骨留下了那么多描画，文明之初的人类的生活和精神的历史，只能依靠考古挖掘出来的器物来揣测。但甲骨保留了当时的生活方式和精神世界，因之，甲骨不仅是人类文化最靠得住的证物之一，也必将是人类理解自身的一条尚待开辟的道路。

513

冥思，可能就是对黑暗的思考吧？

对黑暗的思考，相当于对不可知的思考，去知不可知的努力。

不可知的，永远是黑暗的。
但对不可知的关注，是最丰富的，是最紧张的，也是最有诗意的。

514

凉风一缕，即清我心。
道是身与秋近。

515

泡茶至老，方觉茶味之厚。

516

相对于片言只语来说，日常更是无物可存。
我想努力记住一个笑容，似乎记住了，但无迹可循。

有迹可循，多少让人安心，可以追索。

但无迹可循的东西，或许更长久地在人心之中，固化为欲实现的冲动。

这一日常的命令，似更稳固和有力——要留点儿什么，要留下点儿什么，否则，你不甘心。

517

日常所思，一诗一言一琐记；
平生事业，曰饮曰啖曰此身。

518

我的意思是：去把身体当作事业。

519

尊重常识，对常识亲和，即是胸怀。

520

以前练字，见过闻钧天（闻一多之子）先生的一副对联：常使胸中蔚朝气，须知世上苦人多。

此语足以醒己，且不堕于习气。

521

我看到了美景
而正是我，才是那时真正被遗忘的

522

不能欣赏书法的一般人，无可厚非。

但不能欣赏书法的华人，似对不住自己天天口中说出来的中国话，对不住延续了几千年的汉字。

或者说得更严重一点，不能欣赏书法的华人，不仅亵渎了他的母语，还亵渎了自己的个体生命。

一种语言的传承者，如果对自己传承、使用乃至有创新使命的语言，连形式美感都没有了，这种语言似无存在的必要，使用这语言的人，必是被淘汰者或行将被淘汰者，或个人的现世生命的价值已被贬损者。这结局，可能期待的，只是全球文化民俗村里的一个展览项目。

中国书法，体现了汉字迄今为止所有可能的美感。这种美，被别人忽视，无可厚非，被自家弃置，罪莫大焉！

523

看荷花一朵，不觉倾注了全部的赞叹！

524

在某一固定的意义框架面前，感性生活，除了作为证明意义的质料，没有任何作用。

这实际指的是，人的任何固定的认识模式的荒谬。

另外，人的意义的牢笼，也不过一直充当着人的自欺的工具。

在这样的觉知面前，任何有关意义的努力，都是可笑的了。

当然，这种意见，一样也要存疑。

但可以清晰的是，任何意义的架构的确立，一定是武断的，狭隘的，有排他性的。

525

意义不觉呈现出暴力的特性。

而无意义必滋生痛苦！

常人为生之痛苦和缺失倾泪，为获得意义而振作有为。

达人悯之。

526

血，相对于法和钱，依然是最可依赖和最有力的。

527

可以预见的是，由于计划生育政策的实施，中国的宗族将会彻底消失，宗祠只能作为已死的文化符号矗立在乡野之间，鲁迅批判过的四大封建枷锁之一的宗法制度，由于血缘传递的路径被堵，将彻底烟消云散。

这一结果，将在中国为所谓的全球化或现代化彻底扫清障碍，但也会带来不尽的文化乡愁。

528

是留有余地，还是发挥到极致，是个问题。

似乎现在做什么，都得最大化，最大尚不能够，还要到极致里的极致。

在不能辨别的时候，我最简单的办法，是回到古人。

古人说，少少许胜多多许。不着一字，尽得风流。

古人留余，今人敲骨吸髓。

资本胜利以来的文明或者它推广的文明，就是一种敲骨吸髓的文明。

贪婪，在审美领域里面一样出现。

529

对我来说，讲礼，的确大过讲理。

很多时候，我不是一个讲理的人，但我是个很讲礼的人。

我想之所以如此，是因为，我从小就从家人那里习得了礼，而理，我到现在也不能说已经习得。

礼，非常清晰。而理，百辨莫名。

530

看来，我在反对两样东西：一个是理性的偏见，一个是感性的暴力。

理性的偏见以真理的名义实施暴力，感性的暴力直接驱使个体生命去索取，或直接作用于他者的身体或自然，这说到底，都是人对自我和他者的施暴。

问题在于，我并不能一眼就能指认出暴力！

531

什么是好呢？

在我看来，食色性也、生老病死，就是好的。

好，《说文》解释为美。更有意思的是，当发第四声的时候，《说文》又说：爱而不释也。女子之性柔而滞，有所好，则爱而不释，故于文，女子为好。

可见，好（hào）与好，一动一静，皆是美的。

美，在汉字中，来源于味觉和动物之形，人文的因素，多于自然的因素。而美，是用来释好的。好，从次序上，没有释美，这点微细处，耐人寻味。

"好"字之美，我想是因为男人开始惦记起了女性之美，那是一种味道的感觉。当然也有人说是同指男女之美的，因为旁边还有一个"子"字，子为男子的美称。而后，也泛指人之所好。许慎的解释，或许有男性社会的偏见了。

回到"好"，此字说的是人的视觉体验，看到的是美人，发现的是美，而后，才有那有所好（hào）的实践。只是这后一种实践，让人不仅趋之若鹜，甚至有时是飞蛾扑火了。

532

生，就是一株植物，长在土地的上面。

这个字，和我们每一个人都亲切关联着，我只要在大地上，就一定能看到植物的生长；一如数千年前的祖先那样看到的，并且，心里的体会，并没有多少不同。

"生"字有着勃勃的诗意，这也如宋儒的理学，讲求的，是要有活泼泼的生机。

"生"是汉字的精要。正因为积累了很多类似"生"这样的看到，产生了我们内心的亲和，而且影响到我们的面容。

这就是会意。

从人的角度，正是生，允诺了我们所有可能的会意。

533

活，甲骨中不见，简帛中也查不到这个字。根据许慎《说文》，活从水，昏声；形声；本义指水声；音郭。

因孟子《尽心上》有"民非水火不生活"，看来，生活作为一个词，在战国已很常用。

孟子说：民非水火不生活，昏暮叩人之门户求水火，无弗与者，至足矣。圣人治天下，使有菽粟如水火。菽粟如水火，而民焉有不仁者乎？这是孟子惯用的说理方式，取具体之事证抽象之仁。在当时，百姓日用，水火不缺，到处都是可以借到的。但粮食就不像水火这样至足了，因之，孟子假设圣人能使百姓粮食不缺如水火，那抽象的仁就可以实现。当然，孟子这种推理是经不住推敲的。后人有言，为富不仁，这种事比比皆是。在推理上，从具象的实例到抽象的结论，时时不免一脚踏空，不仅取喻法如此，科学归纳法也同样在这一跳中失效。其实我认为，之所以如孟子这样的结论时时失效，恰证明了人的主观之有限。以人有限的主观欲囊括无限丰富之实际，鲜有不失效的。

这也是因为，人的活，是有限的。人的活，也像水流的声音，在运动，就在变化，就在生息，就在生成和消隐。

生活之所以是生活，汉字其实在字形中已经给出了一个描述：如春草之破土，如水流之有声。相反，后人倒过于主观了，放大了对生活的期待。草木春荣而秋凋，水声潺潺而消歇，想到此，倒觉得朱子的看法乐观活泼——问渠哪得清如许？为有源头活水来。

534

是，甲骨中不见。不禁让人若有所思，也若有所失。

《说文》说，是作昰。直也。从日正。字形来自篆字。直，也来自篆字，从十从目，所以许慎说，十目所见为直。这两个字，是和直，让我觉得有些懔然了。由此，又不觉想到了德。德本义为攀登，走向高处。而德，通过字面，就是一目一心而行，让人有一种行进的崇高感了，好像面对的是一个行进的军团。

而商人或无是。

我在想，不是，可能比是更有意趣些。苟作如是观，凡是，总不是。

商人有非，周人有是。在此非是的嬗递之间，可能在周人是的时候，的确失去了什么。

535

非，像相背的双翅。

《说文》说：非，违也。从飞，下翅取其相背也。

有意思的是，非，在金文中作兆。

兆为象形，为龟甲受灼所生的裂痕。《说文》说，兆，古文兆卜省。兆卜，灼龟拆也。

而甲骨中的兆，是明显区别金文中的兆的。

看来，在中国古文字中，在"是"和"非"之前，先有一个"非"和"兆"的问题。

我甚至想，有非，才有"飛"，因自然中时时可见的那一对对相背的翅膀，飞，才能触目所及吧。

我们见过鸟在草丛或树丛中飞起的样子，那一瞬的视觉，是很让人难忘的，并且容易记住。另外，我们一般也是先看到扇动的翅膀，才看到了鸟的飞，或许，非，才是让鸟飞起的原因了。

在我，我是很惦念"非"那一对相背的翅膀的。

536

通过是和非的字形，我或许能理解庄子所说的——此亦一是非，彼亦一是非。

庄子对是非的敏感，明显异于常人。荀子批评庄子"蔽于天而不知人"。我倒觉得，荀子过于高蹈，以人性之恶为原动，反能"制天命而用之"，看似功夫了得，明显是非不分。

我倒觉得庄子是理解社会和人生的，比如是非。荀子更像一个少年，喜欢下结论。

回到是非——"是"为日正；"非"为相背的鸟翅。是非在汉字中，取象皆出自然；当然，这里面有最深刻的人文因素。我们当下日用是非而不觉，沉于是非而不自知，倒显得是可怜的了。

如荀子，明显认为人到处是毛病，反能生出个好结果来，实不知他的自信源自何处。但明显他是确认了。如此，也不过是其所是而非其所非。

是非的确不是小事。一般来说，要人非其所是而是其所非，有些勉强；但要人皆以人之所是为是，人之所非为非，也一样勉强。如此樊篱，大多不免。

与其这样，不如和庄子一样，反正是一是非呗，无非如此，也无非如彼。

而非，或许倒真是肯定的呢。

537

孔子说，君子怀德，小人怀土。

我是做不成君子的了，也不想做那个怀德的君子。

我怀土。

我的确非常怀疑那德的攀登。如孔子这种理念，后人再进一步，有德君子尚且不足，于是欲成仙成佛。这思路，是一致的。

有那么多高处的事情吗？

换一种问法，高处存在着救赎吗？

人之如此，看来也是常情。

怀土，没有多少好说的。以孔子的意见，人易于怀土而难于怀德。

难易不说，现在的情形是，有时竟无土可怀。

那个土，不仅早就面目全非，而且纳入比德更高的效用。

538

高，象形。为甲骨文字形。《说文》：高，崇也，象台观高之形。

高，来源于人类的建筑。本义是离地面远，从下往上，距离大。

从字面看，高山之高，不足以让人产生高的感觉，而人自为之建筑，哪怕在高度上比山低了很多，因了人的劳作和倾注，会在人心中唤起那不一样的感觉。

人在其初始，和大地是同一的。但人会建筑。人在自己的建筑之上，开始俯视大地了。

我想，正是因为人有了这建筑，这高，人和大地开始不平等了。

但建筑永远不会最高。这或许证明了人的宿命：不可企及。

这有如巴比伦塔的不可能。

康德有关崇高和美的区分，和汉字的区分有相似的地方。崇高的，都是巨大的，悲壮的。美的，总是令人愉悦的，惹人怜爱的。或许，这也像英雄和犬儒。

但这都不是我们的问题。

我们在大众的狂欢之中，英雄和犬儒都穿上了时装，坐在某个快餐店，西餐厅或土菜馆，喝茶喝咖啡，聊天，或吃饭谈生意。这可能也像崇高和美，坐在了一起，都有标价，可以交易。

价格于是有了土地的性质。

我们站在价格的土地上，也可能没有高低可言了。或许那只是一个接一个的波形，土地成了江河，固态成了液态。

这样，我们是不会脚踏实地的了，我们的处境是漂浮。

539

一，就是土地。

同一，就是和土地在一起，不高不低。

540

我碰到了一场疏疏的秋雨，有隐匿的清凉。那可能是季节的盐。

541

观看，不仅是一种看的方式，也是一种思的方式，还可能是一条认识、实践和审美的道路。

观看的世界，是统一的。

但观看仅仅只能就观看谈观看。

当然，还有听，有触……它们，也都是统一的世界吧。

不用说，肯定有听和触的哲学。

这些哲学和道路的沟通，依赖于一个词，很是含糊，它叫通感。

那是因为碰触到了硬生生的差异。

差异和通感，是催生隐喻并依赖隐喻的最大的理由。

我可以如下列举隐喻。荷叶上的露水是珍珠，兰草伸出了长长的鸟舌，这是看；风刮起一阵巨大的炸雷，呕呀的桨声在船下叹息着，这是听；手摸到了孩子脸上的红苹果，握着水清凉细腻的皮肤，这是触……由此而更趋复杂，通感了。

问题是，以真理为目的的知识，难以通感。

在知识看不见东西的黑夜，才出现听的诗学。

542

明喻和暗喻，这样的分法，即是比喻的了。谁更明，谁更暗呢？

西人或有资格说——我们赖以生存的隐喻。

但这比之于中文，已经是够清晰的了。中文，或许比这复杂得多。比如这句：马克思主义的活的灵魂就是具体问题具体分析。这话，先比之为灵魂，进而修饰为活的，这种修辞，多半会让翻译家头疼不已。有次在街上走，发现宣传牌上邓小平同志的名言"发展才是硬道理"中的"硬道理"，被译为：the only reason，不禁让人一愣。

现代汉语的修辞学，的确很值得怀疑。

西骨中肉的语法，更像一种抄袭。比如，现代汉语修辞能够解释"起兴"吗？

其实，我们日用的，不觉有了三种约定：清晰一点的现代汉语语法，模糊一点的文言的规定，还有日常中演变的白话。

543

切开现代汉语的修辞学，还是可以回到"比"的。

有一个问题需要指出的是：先有现代汉语的语法修辞，我们才开始在常识的意义上言说"隐喻"。

当然，有关比，历来争论也很多，暂且搁置。

我有一条证据，来自荀子。

荀子《乐论》中有一句话——故其清明像天，其广大像地，其俯仰周旋有似于四时。

有关音乐的集中的言说，当属荀子此篇。而如何阐释音乐，当然是一件异常困难的事情。

音乐是看不见的，不修辞，不能使之如在目前。

从像到有似，在荀子笔下自然出现了"比"的生成、递进、偏移和转换。

像天、像地，很直观，想来也符合当时的行文习惯，但如果荀子继续说"俯仰周旋象四时"的话，就不那么直观了；四时，比天地抽象，它隐匿在天地的后面，但已被人确知，为常识，常识因其易于理解，皆可入比。

直观的，不妨直接入比，象就是了。而已被经验把握的常识，我们可以说为有似。

随着似的出现，比的空间得以拓展。并且"有似"的发生，是因为时间。时间是看不见的。

这一句两像一似，让后人直观到比喻的发生和递进。

后人或可这样训"象"——象，有似也。当然，这只是一解。

重要的是，我们必须先能体会到——象。

544

其实，对于生理机能正常的人来说，还有我们不了解的语言。

比如，盲语可触，聋语可见。

这两种语言，应该是对所有通行文字的提醒。

如果我们都是聋哑人或盲人，我们一样可以有能够沟通的语言。

这证明，沟通不仅是可能的，而且是现实中时时发生的。虽说总不那么精确，但是可以传达。

不过，这证明的，也仅仅是语言的基础，不是很牢固，但是可用。

545

智性的天赋能力还表现在，人可以用它来捍卫自己的蒙昧。

546

字，乳也。又爱也。当《说文》这么解释这个字的时候，我不是一般的惊诧了。

字的本意，从字形看，是在屋内生出了孩子。

而许慎解释为乳的时候，我猜测他也是直观的。许慎是汉字的后裔，或许他在解释此字的时候，用的是一种直觉。

许慎又说：仓颉之初作书，盖依类象形，故谓之文，其后形声相益，即谓之字。文者物象本，字者言孳乳而浸多也（《说文解字·叙》）。

字者言孳乳而浸多也。由此句可知，许慎在解释字的语义的时候，肯定不仅仅是直观的，也是深思熟虑的。

孳乳而浸多——此话当是源于生活的一种看见。我们见过很多年轻的母亲，在光天化日下给孩子喂奶；也见过年轻的母亲，在不能喂孩子奶但奶又太多的时候，说自己奶涨，要把乳房挤空；这可能就是浸多了。

由此可以简单地知道，汉字的字本身，和生命的出生有关，和乳汁有关；并且，汉字的字，就是物象之间的相互溶浸，有如多奶的母亲，浸多了。

这是多么让人感动的事情！

547

不完全死在形象之中，也就是不完全失陷于物之中。
中国艺术的外在特征即在于此。
可以叫它为写意，也可以叫它为自由。
但似都不是。

我喜欢那种艺术传达出的在终点处还没有死尽的可能性。

548

在写作中不追求语言的快感，有如在日常生活中不追求性快感。
这或许是一个危险的信号，但可能同时是一个让人放心的信号。
总之已不年轻。再往后，可能耗费精力更多的，是对付疾病。从表面看，这种行为，似离人的身体更近一些。这已不是拓展的力量了，也不是去占有的力量。这是平和的力量，甚或是保守的力量。

549

时代并不因为我们闭目不见或矢口否认，它就不宏大了。
的确，时代一般体现为一只我们只能接触到它的某一局部的大象。
时代作为巨兽，是它的本性。

比如我们这个时代，资本已经替代权力，成为当下最显著的特征，地域、血缘乃至战争，都被超越了，已没有什么不能被纳入资本重组的秩序。我们可能说不清楚这个时代，但的确时刻在承担着它的。

由于每一个个体的灵魂都不免被侵蚀，普通的个体，体内没有经过淬火的钢铁，也缺乏足够坚硬的骨骼，所以，也只能一般表现为无力承担而已。

承不承担是一回事，能不能承担得起，是另一回事。

因之，个性的逸出，仍然是值得期待的。

欲在的不在，和在场的不在，像远山那样的远，虽然不在身边，但也有疏淡的轮廓，可以被看见。

550

高适还是个小县尉的时候，有诗云：拜迎长官心欲碎，鞭挞黎庶令人悲。可见在中国做小吏的不易和做百姓的悲苦。韦应物官不小，也有"身多疾病忧田里，邑有流亡愧俸钱"的句子。此句也道出了不少大官的心态和小民的悲哀。米芾是纯文人，不在地方为官，有"路不拾遗知政肃，野多滞穗是时和"这种新闻记者似的观感。

把这三句诗放在一起读读，倒别有趣味。

551

语言很多，有如游戏规则，或个体和族群行为的边界。个体在某一种语言之中，如那些词语不能内化为个体自身的体验，似可以视为无效的，或无意义的，有如一堆声音的垃圾。

如果不是因为在某一时刻突然感受到某个汉字的重，我也是无法体会到这一点的。

创新作为使命，在语言的领域，似是痴人说梦。语言本无所谓使命可言的。如无社会中人的互动，语言无用。无此生，即无此语，且此语只可能是习得的，不可能是发现的，在当下而言，如个人在某语言中有独特的所得，或许此一得如水滴之于江海，与其说是创新，不如说是汇入。

于个人，有现实的生活，还有可能的生活，且时时汇入此经由语言交往的社会互动之中。语言如果是火，个体之生即是薪；薪是可以被火点燃的，且会生发很多个性的噼啪之声的，但薪又总是要燃尽的，火却可以传递。可以说，每一截被点燃之薪，都是新火。但人和语言的关系总是：人总只能做薪，语言总是燃烧之火。火也可灭，当且仅当它无传承之薪。

因之，薪是无法代言火的，它总归只是火的质料。

对于个体的薪而言，能有些许噼啪之声，并自得于此微小的声响，也可视为小小的胜利和短暂的胜利。

这或许就是灰烬的价值。

552

在一个什么都可以标价的年代，有人也可以追求无价的权利。

553

简单和朴素，不仅是审美的原则，更是人生活的最高原则。

554

在古代汉语的时代，没有比两晋更有语言自觉的了。它的成果，是词藻多得朗朗上口，新鲜如口水；加上很有水准的批评。

但遗憾的是，它们制造出的，大多是瞬时的快感，后人消费不起那么多词。

因为语言的自觉，那时的批评倒真的发达了，因为大家都在关心尺度，文人也多做仿古诗。这些文人，有著名的"二十八友"，有张华、陆机、刘琨等一大串的名字，用刘勰的话说就是"人才实多"了。可惜文学成了接近尺度的智力竞赛，成就了批评，而失去了作品。真正的例外，可能是位列中品的陶潜。

好在还有此前"三曹"的"建安风骨"，让这个时代不是那么黯淡。

555

没有理由不尊重有宗教信仰的人。

但宗教不是唯一的宗教，信仰也不是唯一的信仰。

虽说每一宗教都可能是无比丰富和多彩的。

以上判断，是中国文化的一种态度。

我觉得正是这种态度，使中国文化有足够的韧性和可能性空间确保绵延。

和而不同，所以生生不息。

556

在日常的伦常情怀之外，个体似应多倾注一些对自我的关爱。

我把这种对自我的关爱表述为：既不把希望完全寄托于下一代，也用不着在社会上去呼吁"救救孩子"，不管在什么情况下，都应当问一问：我当如何？我想，这是个体自立的起点和自尊的起点。

557

行年四十，勉强接上中国土地上的一些地气。读古人诗文，每每读到——投书湘水；江汉汤汤；姑苏晓月；泰山岩岩……因身已亲历，感觉和前之所读大为不同。总的感觉，是觉得近了，身体内有一种亲切的醒。

当这些风物还是远方的时候，它们曾是我脑际的一束束缭绕不去的光，外在而隐约；有一种虚幻的不可把握的美，且心生向往。现在它们都不是远方了，不仅近，而且就像在身体之内，还有因它们组合在一起，而唤起的某种恒定的情感。

558

读兰波的诗，当读到——

是的，即使死后，他还想活在
白骨之中，并蔑视原初的美！

不得不佩服他的天才。

但年轻的兰波表示想死在埃塞俄比亚。我想，仅仅是在那里，他获得过宁静。据说，他临终前最后的一句话是对邮船公司的经理说的——告诉我，什么时候才能把我送到码头……
这或可当作他的最后一句诗。有目标，但未完成。

559

遵从是快乐的，好过怀疑的痛苦。

启蒙之光不是回家的呼唤。
怀旧，不过如电脑的磁盘清理，无好坏可言。

只是现在，一直都是不得不如此，非如此不可。

560

回到常识，是一次重新确认。
回到常识，也就是看山还是山，看水还是水。

561

谁能理解爱情呢？这可能是比形而上学更难的问题了。

一般可以观察到的爱情只是，只要它还存在，它更多的是对自我的信守和承诺。

爱，可能的确只是这么呈现的：它表现为信，体验为爱。

但信和爱之间，有一段很长的黑暗中的距离。

562

咀嚼时光的人，他喉结的吞咽只是一个下意识的身体动作。

感性就是这样和抽象的事物相统一的。

563

石虎先生在其文章《论字思维》中说——汉字，是与宇宙万物相对应的框架图式。字意于此框架图式，具有相对填充性。一定意义上说，字之新意是由诗人来灌注的。汉字有道，以道生象，象生音义，象象并置，万物寓于其间。这就是"字思维"的全部含义。它相当于中国古典哲学中道生一之后而二而三而万物的宏大母题，因此汉字具有超越自身、无比灵动的本质。汉字以其绝对和永恒的灵性范畴，笑对当代诗人：不是汉字负于诗人，而是诗人负于汉字。

读后有醒。以前没有读过石虎先生的有关论述。应该说，我的有关汉字的一些想法，和先生在底色上是契合的。

在当下，汉字是一个真正的不可回避的大词。问题是如何有效地言说它。

石虎先生所指的汉字框架，可能暗合黑格尔所指的思想的骨头，因我们已惯于看到皮相，不觉遗忘了这内在于生命的支撑，也遗忘了如何给思想补钙。

564

回到自己，无比喜悦。

565

人的感性不同于人的动物性。

由于关注人的感性，所以才有美学。而人的动物性，仅仅只能是人的动物性，像黑暗；也只有在动物性的意义上，人的动物性既难以命名，也不需要意义。

人的感性一定是有意义的，因为美学一定是有意义的。

如果美没有意义，那人的动物性，一定有无限可能的意义。

可问题就在于，动物性任何时候都不需要意义。

动物性没有意义，但并不等于没有价值，因为人终究是一动物。动物性是生命本然的推动，可以起兴，还可以耗费体力，可以生成美，可惜它却不可能是美。

566

畏。

以前读《存在与时间》，看到海德格尔谈"畏"，很有共鸣。海氏的畏，指畏于"常人"——那高于此在个人的压抑性的力量。另外，又从弗洛伊德的"超我"中，也看到这种普遍性的压抑。这西方的"畏"，现在想来，前面或许是"敬"，后面或许是"烦"。他们说的，可能也都是日常中个体的体验，而不是宗教的体验。

查甲骨，畏指的是鬼执殳，会意为可畏之形。《说文》解释为鬼头虎爪，所以可畏。如此看来，中国的"畏"，源于鬼和鬼执凶器了。

相对于常人和超我，鬼，应当是商人独有的发明。鬼是人死后的归去。鬼在生时，是我们人的亲人。亲人成鬼，既能保佑也能祸害在世之人。鬼和神，是有区别的。

如此，我们畏惧，更多了一点东西，我们心里有鬼；而这个鬼，同时是积极和消极的力量。

567

汉字在，鬼就在。

鬼在汉字中是一个家族。

我们心中的恐惧是鬼，我们对恐怖的想象，也是鬼。

但仓颉作书的时候，鬼却在夜里哭了。

鬼，归也；人所归为鬼。

鬼在甲骨中，下为人身，上为一个可怕的脑袋，似人而非人，有如魖。

但汉字中留下了鬼影，人鬼皆不得所归。我想，这可能就是鬼夜哭的原因。

鬼，还是有魅力的。现在，我们祛魅也好，返魅也好，其实鬼一直在，鬼还是鬼。

我甚至想，中国的艺术，来源于鬼。是鬼在激发我们的感情，允诺了我们想象的空间，保持着我们对不能清晰可见之域的惊奇，和永远都是新鲜的可能性。

围棋是中国的伟大发明。在围棋中，最不可思议的妙手被称为鬼手，让高手叹服！那可能是因为，那手棋实在不像是人能够走出来的。

568

我所理解的自由，最少有两种。

一种是筑基于法权之上的社会人的自由，如西方的自由。它更多体现的是社会中人与人之间的关系，以及由此关系生发而来的林林总总的权利、责任、义务等等。

另一种自由是有关生命自身的，如庄子的内在自由，孔子作为社会人却强调的"君子不器"的自由。它关注的是人和自我的关系，和宇宙自然的关系，以及人在社会中不沦为纯粹工具的权利。

569

新诗更需要面对的，是大众；特别是在当下消费主义的大众文化的狂欢之中。只有面对大众，新诗才能有所挽回，而不致沦为被大众唾弃的笑柄；也只有在大众中有所挽回，新诗庶几才能捍卫现代汉语的"中国性"。

570

汉字因其空间感，在字形中意外地获得了时间性，保留了时间。

这也是为什么学习汉字，必自形始的原因。

字形，是汉字的秘密。但汉字，是人本身的秘密。

571

越隐秘的地方，越是黑的。

黑就像我们的私处，从小让我们觉得羞耻甚至愤怒。但也正是黑，允诺了所有的色彩和光明。

黑也像人的个体自我。黑是我们对自身的无知。

我们的无知之所以这么黑，经常是因为，我们把这无知表达得头头是道。

572

只有无目的的善，才是软弱的。

软弱不是脆弱；软弱如老子笔下的舌头，脆弱如流尽了汁液的叶子。

我发现绵延的力量，都是软弱的，也就是善的，但也有力，如水。

我相信：没有善，就没有人的绵延。

另外，善是透明的，没有颜色的，但随时可以被污染。

因为污染，善与恶，总是携行，或附着而行。

573

是善，允诺了恶。

恶是刚性的力量,是生。

生是所有恶中最无辜的恶,是被善最先接纳的恶。

为了生,善裹恶而行——善之为善,体现在它不断缩小,直到走到了尽头。

善疼痛,一路疼痛,直到恶变身为善,允诺接踵而来的恶。

绵延的真理经此显现。

无恶,也就没有了推动的力量。

善就是永远那么无力而软。

574

告别命名,即是获得命名的自由。

告别命名,既抽离了批评的激情,也泄漏了担当的勇气。

让一切如其所是,这才是人的主观性出发的起点、道路的起点。

是,任何时候都不是名或命名。

只有当人意识到:在是的界限之内,命名不过一附着之物,一种约定,才可确保人的主观性的有效,或理性的有效。

这样,此外的游戏空间和诗意空间才能获得保证。

575

如果只强调人的行为的意义,写作的合理性就受到了质疑。行为易碎,必须被接下来的行为替代。行为或许是本,语言或许是末,但语言之镜,有方便的揽照。

这即是说,不能执于行为或语言之一端,还是古人说的,执其两而用其中,贴切,也方便。

576

它的外表坚硬如石

它的体内可以炼钢

577

如果现代性是一个问题，现代汉语自然是现代性这个问题中的一个子问题。

误认传统的事，是经常发生的。

我的意思是，现代汉语是不是当然的传统，还是个问题。

比如我们的主流意识形态话语，它有其独特的历史生成和发展轨迹，并时时出现在当下的公文和传媒之中，当然是强大的。还有现代汉语的语法，作为知识，在课堂中传授，在日常中作为规则，这不用说也是强大的。还有民国文人和当代文人的散文和韵文，部分地被作为现代汉语的范本，部分地被经典化了，这仍然是强大的。

强大是一回事，是不是问题，是另一回事。

当然我们还有别的语文，比如民间的实用语文、个人笔记乃至不同的方言，海外华人的文本和传媒，也都有其历史生成和发展轨迹。

这是汉语当下的处境。

最少，我个人觉得现代汉语语法是无比粗暴的；简化字，也是相当有疑问的。这有待新一代的语文工作者的努力和作为。

汉语当下的处境还表明，统一的语义，也就是那种常识意义上的语义，这个公共空间，是非常窄小的。

当杰姆逊于1985年戴着新马克思主义的面具来到北京大学，输入了"后学"，接踵而至的就是大众消费主义的"文化研究"了。

我不认为这种"后学"和"文化研究"对汉语是有多大的现实意义的。

我认为，别人的故事，是用来听的，是用来分享的，但不是明天自己要去做的，或者应该模仿的。特别在所谓人文科学这个大篮子里，西方也从没有找到像在自然科学那里一样确实的基础，我们大可不必邯郸学步。语言学和文字学也同样如此。

我想，这最少应该是汉语研究的一种基本态度。

578

新文化运动的成果，在文化自身之内，显现为白话文的胜利和文言的退场。

文言退场的同时，前此以文言为代表的一些有庙堂气的核心价值，也跟着退场了。

如此，在白话这个新的庙堂之中，成就了真理争夺和权力争夺的语言游戏。

这一场语言游戏，还在进行之中。

579

邓晓芒先生有一句话很有名——让学术成为思想的风骨。

按我的意见，这句话，倒反着说好。

一方面是因为，现在学术的侏儒太多了，只在所谓知识生产的领域里满足于一般的规范。

另一方面，在逻辑上，我最少有另外一个理由——慧能既不识字，没有谁有权利规定他要先识字。慧能自有慧能的思想，和学术的关系，几乎没有。

580

命名即表象。表象不觉成为命名的面具甚或内容。

通过表象，人应对日常。

通过命名，人思考和理解世界。

世界经命名和表象之途，成了人本的；尼采和海德格尔都是这么看的——亦即以人为中心的。这，即开放了人对自然的控制之旅。

但人和自身的关系之门，相对来说是关闭了。

581

表象即色。僧肇说过，色不自色。

表象和色，不过是我们内心的图画吧。而名，不仅是实之宾，也可以视为象和色之宾，是我们辨认物的方法。

582

物，因此必不是实体。虽说不能辨明它是否是自体。

物通过象和命名，让我们感觉得到，这是确实的。

但与其说物是我们认识的对象，不如说它们是与我们同在的存在者，是人的生命之途的伙伴。

但这不能从宠物的层面去对待。

583

我的思想的喻象，就是从 1 到 0。

我也想象着很多可能的 1，因为它们都可以从 0 中得来。

我在 0 中，发现了 1 的限度。正是因为有众多的 1 的争夺，所以，才需要和而不同的态度。

584

有人重拾 20 年前刘再复的汉语文学的主体性的说法，这多少有些忽略了思想界 20 年的努力。

与其强调汉语的主体性，不如强调汉语本位，或汉字本位、诗歌本位等等。

本位，就是在自己应该在的位置上。

而主体，多少有些恢复自我做主的权利的诉求。现实或许是这个诉求早就不存在，甚至不会自我做主了。另外，所谓主体性，多少也有些暴力倾向，也对可能的路径，有天然的排斥。

585

我一直以为霜就是起着白毛的小水珠，挂在树叶、蔬菜叶和草上。

某天早上起来，看到朋友使劲地用磁卡刮车玻璃，竟形成小雪粒那样的一小堆，我摸到了霜的厚，也感到了它冰凉的质。

586

在思想的霉菌里，倒可能藏有能获得疗救的抗生素。

587

姜白石说，岁寒知松柏，难处见作者。老手之言也。

陶诗也有——幽兰生前庭，含薰待清风。清风脱然至，见别萧艾中。

以上一为视觉，一为嗅觉，但强调的是区别和差异。

无区别和差异，即无自性。

自性，也只有在差异和区别之中，才能感觉出来。

埋首于日常的杂草之中，必先生出警惕而后行之。

若形象不别，也当有气味之分，或有芝兰之臭。

若形象气味都不能别，那就诉之于触摸吧，是冷是暖，是糙是滑，一摸，也可得之。

何况还有声音，还有声音后面，更广阔的沉默。

588

我们能看到的死
只是它的不动
就像永恒

589

阳光的本分
是它的照耀
它是去要去的地方

至于因为抵达而生发的生死

和阳光没有关系

因为它只是照耀

直到它无光可出

无光可去

它自身的死是迈不动的

我的朋友看到一束金黄的稻草

他说他看到了阳光的尸体

590

皎然说，诗有六迷。

以虚诞而为高古，以缓慢而为冲淡，以错用意而为独善，以诡怪而为新奇，以烂熟而为稳约，以气少力弱而为容易。

此六迷，无不一一经历之，汗！

591

读到日本禅学大师井上希道《坐禅如斯》中的语录，欣悦得很。录几节：

17. 事实本身就是当下，所以要认识本来的当下，就不能添加自己的看法，只是当下的事实最好。就是说，把事实本身作为事实，将当下本身视为当下。

19. 只要没有道理、分别或任意的表象，就是物本身。

21. 唯有空才是运动，无前无后，除了当下本身的活动，其他一切都不存在，瞬间的一点，空前绝后。

25. 如不加上自我因素，禅就是自然质朴之源，是事物的本身。事物只能用事物本身来解说，只要说得彻底明白。客观真实，不加雕饰，无任何道理可讲的世界，就是佛法。所谓佛，就是离开道理，彻底解放自己，独立自己，没有束缚的自由人。进入佛法的大门后，必须勇往直前，彻底弄清当下。不如此，就难以进入没有道理束缚的佛的世界。

31. 当下一念只有瞬间，无前无后，所以是一个一个的绝对。什么杂念都没有的当下一念，只有一点，这一点就是一元绝对性，没有比较的余地，毫无疑问，不存在有或无这种二元的比较。烦恼皆无，心只集中在一念上修行，这种只在一念的心境，就是禅。

35. 因为当下就只是当下。当下的心境，不过就是当下的心境罢了。随着时光的流逝，心境也随之转移。因为当下并非反复无常地固定于某物，所以当下是自由的。

47. 什么时候修行？那只能当下。当下，这里说的当下有明天么？当下，有昨天么？如有，请拿出来看看。所以始终（绝对）只有当下。由烦恼产生的迷暗是什么时候？既不是一瞬之先，也不是一瞬之后，就是当下正产生的那一瞬。产生烦恼念头的心，全来自于无明，来自习惯，来自我见。我见和原本的界限一旦明确，无明也就不复存在，这就是解脱。是我见被彻底破除的世界。什么时候解脱？当然只有当下。

56. 行走时一步一步地，只管走路，不让余念有存在的余地。呼吸时一息一息地只管呼吸，只管纯粹地呼吸。声音只管听，听纯粹的声音。

不过，在我，已经没有那物的本身了。

如果还有物的本身的话，或者如康德所谓的物自体的话，那也是和人互相交流的所得。

康德划清理性的界限，令人敬佩。但是，对人的生来说，这界限是弹性的，可以扩展的，因之，信仰作为信仰，尊重就是。此为我见，在禅宗里，也是应该破除的对象。它太像道理了。

我不执着于物的本身，也不执着于自身当下的一得。

这就是我的当下之念。

我停留于此当下之念，方法，就是好好地想着它，安安静静地看护着它。

592

上博楚简（一）《孔子诗论》第一简——孔子曰："《诗》亡隐志，乐亡隐情，文亡隐言。"

楚简中，"诗"的字形为上"止"下"言"，和《说文》中的解释相同。亡，通无。和郭店楚简《性自命出》中"心亡定志"相同。只是，楚简中也有"无"字。"亡"不直接写作"无"，肯定有语义上的区别。

这话，可以视为孔子诗学的总纲。

当孔子说"不学诗，无以言"的时候，那意思更多指的个人修养的一部分，在作为社会功用的"言"的层面发挥作用；而当他说"可以言诗矣"的时候，那"言"的意思，才是讨论或研究《诗》，才是他的诗学的言说。

《诗》亡隐志，和"诗言志"语义相当，或可等同。

言志，和楚简中的"诗"字，可能也可等同，或许只是一个字。

如此，有一个可能的答案是明摆着的：诗，就是言之，所谓诗言志，是直接从诗字中生发出来的。

593

大多的时候，都是昏聩的。

就像一整个冬天，我听不到雷声。

594

风，甲骨字形。《说文》说——风，八风也。东方曰明庶风，东南曰清明风，南方曰景风，西南曰凉风，西方曰阊阖风，西北曰不周风，北方曰广莫风，东北曰融风。风动虫生，故虫八日而化。

许慎的这种解释，感觉腔调中汉儒的宇宙论痕迹很浓。依甲骨字形，是找不到足够的证据看出这个字为风动虫生的。

单看甲骨"风"字的下半部分，看上去像在运动着的枝条。吴昌硕的大篆中，风的写法，左边像是三根长着叶子的、正在飘逸的树枝。

想来，风更多诉之于触觉和听觉，难以看见。

我们现在感觉风，也类似。走在风中，似有物拂面，看得见枝条的舞动，水的涟漪，听得到不知从何处发出的声音。

庄子说，大块噫气，其名为风。读来高远豪迈。

我曾想，风，或许是另一种形式的水呢。

595

骨，就是骨头的样子。

《说文》：骨，肉之覈也。《说文》：覈，实也。

按照《说文》的解释，骨，就是肉的果实。

《汉典》解释这个字说：骨，会意。从冎（guǎ），小篆像去掉肉的骨形，意思是"剐"。从肉，表示骨与肉相连。但在甲骨中，骨，更像剔净了肉的骨头，字上面看得到骨的凿痕。

我的感觉，还是甲骨中孤零零的骨头的样子更好。

只有剔净了肉，骨才是骨。

596

按布伦塔诺说，人的表象活动是人和世界、人和上帝的最隐秘的渊源。人通过其内知觉，能在当下获得直接、无谬、自明的体征。胡塞尔、海德格尔、列维纳斯、梅洛·庞蒂、雅斯贝尔斯、舍勒尔……他们在我的眼中，也都走在这直接、无谬、自明的生活世界的林中路上。他们像一个个不同的林业工和护林员，在不同的歧路上与人相遇。

走在路上的人，如能与他们相遇，就是兴会了。

大地是一。这一，即是人自身的尺度。每一条歧路，也是一。这一，是个体的人的尺度。每一个人，是必须要成为一个一的，要走出一条路来。

虽说殊途偶能同归，但万法不能归一。

这即是生活世界的林中路自身的呈现。

597

立，就是人正面、笔直地站在大地上。

《说文》：立，住也。从大立一之上。凡立之属皆从立。力入切。在这个字的附注中有——臣铉等曰：大，人也。一，地也。会意。

立是汉字的一个组字部首。在汉字中，多少字都有人正面直立的形象呀。

立字，能唤起人崇高的感觉，甚至让人心生感动。

卓然而立的汉字里，是生命的认同和文化的认同。

这个字，也让我想到张志扬先生说的——在一场不可避免的溃逃中，谁，是那个最先立住的人？

598

让生活就是美，而不是美学。这，可能是中国思想的精要。

在当下即得解脱，在当下沟通天与人而相互溶浸，而不是被高处之物拯救出来，因远方之召唤而走出去，这可能是中国文化的向度。

599

自性和他者，这一对概念里有中西差别。

自性——我之为我，自有我在。我之能得度己，原是因我中自有真如，有佛性。我可忘我，不辨我与物。我可以远游，再回到我——归来笑拈梅花嗅，春在枝头已十分。我即是这世界的高处——人人自有灵山塔，好向灵山塔下修。自性，就是我在我之中才得到解决——行至水穷处，坐看云起时。

他者，借用拉康的说法即可。或者可以理解为人揽镜自照看到的镜中的形象，或者可以比喻为在规范的镜中看到的个体的面容的自由。

自性和他者，本无高下之分，都是人的生命在历史文化之中实践得来，沟通的可能性，是存在的。

这也让人想到，在对普遍性的诉求中，多半是对霸权的诉求。

600

我用汉字的火炬照亮了自己和自己的过去，但仍不免是影影绰绰的。

我享受的是一种能看见的感觉。

601

一、一，一二一；左、左，左右左……

我们练习队列的时候，这是最常用的口令。

我至今记得在练习队列时，左腿踏在地上又接着抬起的那种对一的感觉——

一边左腿感应着一，一边和身边的人看齐，然后形成队列。

队列，即是集合的一。在队列这个大一中，我们是一个个点似的小一。

几何学的点、线、面的概念，或许就是这样形成的。

面的概念，我记得老师是用一个线绑住的可以转动的竹条——一根一，在竹筒中，一转，就形成了面。

汉字的一，被后人解释得很玄妙，如：唯初太始，道立于一。

在一的初始，一，可能只是一根算筹，如乾卦中的一横。卜辞中的数，一、二、三、四，就是分别并列的四根。只是到了五，就开始困难了起来。汉代的阴阳家，可能对"五"情有独钟，如依"五行"推演的社会宇宙之合目的。其实，五，还是挺直观的：横着摆三根，竖两根，就可以是"五"了。

但之所以汉儒对"五"这么感兴趣，是有充分理由的。一是因为，五，不能像"四"那么继续并列下去，否则没完没了，就像故事中讲的那个姓万的孩子写万字，因之有了一点变化；二是因为，六以后，才开始变成了人的主观的纯设计。因此，五，是人的主观纯设计和人的直观之间的中间地带或者桥梁。

老子说过，道生一，一生二，二生三，三生万物。

汉字的思想，可能就是一二三的思想，对应着天地人的思想。《说文》中，多次提到，一，是大地。二，就是上。三，就是上下的合并。

金文中上下连写就是三。

根据老子，道肯定不是一，一是道生出来的。所以，万法归一的说法，太一的说法，道立于一的说法，和老子不符。

在老子，道，是不可命名的天地万物最根本的规律和原因。道不可言说，是黑暗，但又可以被人感觉得到，能真实不虚地体悟到。

602

说起普通百姓的智慧，我觉得中国民间的智慧是无比丰富和无比深刻的。

比如，中国人说，男人三件宝：丑妻、薄田、破棉袄。这可能是在农业社会中，男人对社会的最深刻的理解之一了。

老子说，不见可欲，使心不乱。

就像卢卡契说，人人都可以是哲学家。每个个体生活在社会之中，不免对此社会有深入骨髓的体验。有时偶尔说出，哪怕是平头百姓，一样是深刻的洞见。

在我的生活经历中，我知道有普通人，不仅能知生，还能知死。

比如朋友写的那个邻居太婆。她天天上街买菜，不知道买了多少年了，但在死降临的前一天，她没有忘记给自己准备一身去死的行头。在乡下，很多中年男妇，在闲聊中非常关心自己的寿材，非常认真地规划将来如何使用它。

我记得奶奶45岁左右，就不停地开始关心棺材的问题。她要选择干透了的杉木，打好后，还要在堂屋的顶上挂着透风。她的关心，被表达为——为了死后在棺材里睡得舒服一点。

我的童年有十来年的时间，天天可以看到挂在堂屋房梁上的杉木棺材，是两件，一件是奶奶的，一件是爷爷的。想来，他们都准备好了，认为死的降临，是件非常合理的事情。

这样的记忆，在我的童年就多少让我有些不适。我觉得那是两件怪物，像没有用处的东西。

我大哥也给我讲过，我父亲去世前的一个最好的朋友，他的父亲，也是个知死的人。

大哥说，他父亲真是不可思议，大清早，还到田里耘了田，中午吃罢饭，就安静地取出早已准备好的寿衣，对家人说，要走了。他穿罢寿衣，就躺在床上，不久就真的死了。据我大哥说，年纪也不大，刚过60岁。

虽说我没有亲历，但对他们，我是有深深的敬意的。

这些听闻，让我在读《五灯会元》这样的书时，觉得非常鲜活。

我现在想，老僧的死比普通百姓的死，更有佛心。普通百姓之能知死，到了那一刻，就安静死了，没有更多的交代。而老僧临死，有时会念出几句偈语。我想，那偈语，目的，不过是在生命的最后一刻，也要帮助像我们这样仍迷失在现世之生中的人。

那些偈语，都是诗，也是那些老僧临走前的一种美的告别。

我现在感到，那些偈语，是有温度的。

603

趋乐避苦，乃人之常情。但苦与乐，时时因人而异。同一件事，有人避之唯恐不及，有人甘之如饴。因此，苦乐，脱离了其最初的规定，不觉成为"苦乐观"了。

孩子的苦乐，想来是最真实的。那是天然的规定。但孩子的苦乐，是很难用语言表达的，一般只能用身体来表达，比如眼泪、笑容，或舒展和皱起的眉头。

苦在汉字中，依许慎的解释，来源于苦菜。《诗·唐风·采苓》：采苦采苦，首阳之下。苦和人的味觉有关，相对清晰一点。或者说和人的品尝的行为有关，是一种味道。苦，也有可能是指的茶，即喝茶的体验。

乐，《说文》解释为五声八音之总名。有关乐的最早的文献，当属《尚书·舜典》中的——夔，命女典乐。似是指的音乐之乐的意思。可见，我们所能看到的有关"乐"的解释，已经被观念化了。

不过，看甲骨中的乐字，倒是很直观，像一株树上开出了对称的繁复的花朵和叶子，那字的姿态非常热烈。由此，我或可猜测，乐，当源于人的视觉，是一种看见。这乐，可能就是花朵和绿叶生长得最为茂盛的那个时刻吧。

但从构字来看，甲骨的乐，是木上的丝。因之后人比之为琴瑟。这，不是那么让人信服。金文在乐中，又加入了一个"白"字。所以，这个字的确不那么好解。从这个字的演变，也可以看出，商人的乐，是不同于周人的乐的。

依我的感觉，商人对乐，肯定不如周人那么"体制地看"。所以，甲骨中的乐，在那木的上面，到底是缠的人为之丝，还是木本本身的生成之物，的确不明。就算周人加了一"白"，这个字，也没有因为这个白字，得到照亮。

604

不用说我们都在追求快乐。

只是，我们这所追求的快乐，时不时追求到的只是快感。

快感之所以是快感，就是它总是太短暂、太快，才感觉到，就消失无踪。

快乐肯定不是快感。快乐是长的，是稳定的，时时在心里的。只是我们的感性好像并不大欢迎快乐，而更喜欢快感。

感性是不喜欢重复的。

605

立，就是位。

《说文》徐灏笺注：人所立处谓之位，故立位同字。马王堆汉墓帛书《经法·道法》中有：天地有恒常，万民有恒事，贵贱有恒立。恒立，就是恒位。

因之，位，也是指的是人正面站着的地方。

这样，我们也理解了本位。本，是单个的植物所在的地方；位，是单个的人站立的地方。它们都是正面的，都是因大地这个一，获得了不同的位置，各得其所。

另外，我想到了并。

并，是两个立。像两人并立的形状。《诗·齐风·还》有：并驱从两肩兮。

如此，并肩，是可以在并字中直观到的。也就是说，之所以有"并"这个字，本来就是要记录人与人那样肩并肩并立的样子。

606

海德格尔说过，在我们这个最需要思的时代，恰是我们尚不会思。

可见，思是难的。

但俗语又说，日有所思，夜有所梦。这即说明，思是人之为人的属性。不思，又不可能。

海德格尔的话，说明大多日常的我思，都是无效的，甚或是无用的、无意义的、无价值的。但从审美的角度看，这些在具体情境中的处处都是局限的我思，才真实有味。人正是因为这样思，上帝才会笑得开心。我想，那牵动上帝发笑的幼稚、荒唐和不经，因了具体生命的耗费，竟有了亲切和牵念，竟多了一丝情致。

我想，在这样的念想之中，人，也是可以一笑的。

607

思。在汉字中的意思，倒是清楚的。

思的古文为恖。今字为隶变而成。这字，说的是人脑的机能。《说文》也说得清楚。思，从心囟声。《韵会》说，囟顶门骨空，自囟至心，如丝相贯不绝。

这个解释非常形象。思，形态如丝，相贯不绝。它的活动范域，在心脑之间。

不管我们会不会思，我们的思，其形态，大致如此。在李清照的词中，也有"剪不断，理还乱"的句子，形态的描述，和古人相当。

另外，不管我们会不会思，思，都是属人的权利，是天然地被给定了的。

不过，到底我们应该如何入思，所思何物，的确是让人大费踌躇的事情。

这，也可以套用李清照的词句，想想，的确是别有滋味的。

608

有关诗与禅，言说是很多的。

在我的意见里，首先，诗，不过就是言之——诗言志。我觉得，个体的生沉溺于日常，被此生活所限所逼所激所感，不自觉张口说出的话语和记下的言辞，就是诗歌。至于这诗是随风飘走的一句或几句话，是古体还是近体，是汉语还是外文，都是次要的。我重视那种不自觉的说出或记下。

我一直喜欢那种说出和记下的个体的人的冲动。这是个体最真实的经历，不觉要耗费一点自己的体能，亦即生命的一部分。

至于诗歌的政治和教化的作用，我倒无暇认真思考。亦即是说，我专注于诗歌发生的层面，而无暇顾及诗歌产生后的社会功用的层面。

其次，禅，是中国化的佛教。首先，这禅是运用汉字和汉语的佛教，虽说有人如玄奘通梵语，也译了经书，但它是在汉语言的日用之中传播的，作用于我们一个个操持汉语的生命和心灵。那些经书，都是用汉字言说的和书写的。那些经书已不能生活在自己远在印度的故乡。然后，这禅，是一代代说汉语的僧人，用自己的生命体悟的。特别如不识字的六祖慧能，只是过语音，听到"应无所住而生其心"，就当下悟了；听到神秀的"身似菩提树"的偈子，因其自性的圆满，而能提出异见，开出中国化的禅的一脉，稳稳立在汉语之中。

因之，我是特别认同慧能的——当下、直接、无谬——带着他独有的体温和智慧，展现出生命本然的华采。

所以，读到慧能之后的禅师的句子，如：水急不流月；如：竹影扫阶尘不动，月穿潭底水无痕。在这样的语境之中，我觉得诗和禅，是相通的。

以禅谈诗，宋人以来言者多多。随便从季羡林的文章中抄一段，如：

韩驹《陵阳先生诗》卷一《赠赵伯鱼》：
学诗当如初学禅，未悟且遍参诸方。
一朝悟罢正法眼，信手拈出皆成章。

吴可《学诗诗》，《诗人玉屑》卷一：
学诗浑似学参禅，竹榻蒲团不计年。
直待自家都了得，等闲拈出便超然。

龚相《学诗诗》，《诗人玉屑》卷一：

学诗浑如学参禅，悟了方知岁是年。

点铁成金犹是妄，高山流水自依然。

戴复古《论诗十绝》，《石屏诗》卷七：

欲参诗律似参禅，妙趣不由文字传。

个里稍关心有悟，发为言句自超然。

这些诗，我从不是在真理的层面去理解它们，我更愿意从个人的日常经验的层面去感受。这样的诗，只要是心有所感的人，我认为都可以写出来，还可以一直写下去。如我自己，在 1988 年的时候，也可以随性记下这样的诗歌——

禅意

就是那片

在斜坡上的

黄黄的叶子

阳光来了

它就辉煌

风要来了

它就响

在我这样的理解之中，诗与禅，不过是汉语语境中的个人的体验。

因之，我觉得谁也没有垄断解释禅的权利。至于高下之别和文野之分，肯定是有的，但做出判断的，是无主体的时间和历史——一种切实在社会中发生作用的公共意见。

汉诗，就更复杂了，新诗一直在努力证明自己，旧诗也在不断重复地被抒写。新诗和旧诗，最少是一种平行的关系，或者说是平等的关系。

新诗和旧诗，也都可以和禅宗发生联系。但至于哪一种更好，目前尚不可知；虽说后人可能知道。

609

朱子说，世无孔子，则万古如长夜。

我是不这么看的。我觉得，世无文字，才万古如长夜。

610

其实，我期待自己是在力气用尽之前，能游上岸的那个人。

611

始，女之初也。从女台声。《说文》这样解释始字，有点让人不解。

初，《说文》解释为：始也。从刀从衣。裁衣之始也。

可见在《说文》中，初、始互释。

裁衣之始为初。女之初为始。这两个字是不是因女性制衣而产生联系，还不太明确。

不过，《千字文》中，有"始制文字，乃服衣裳"。这样相对，也不是全无来由。

想来在周代，女性之成为女性，在社会一般的意见中，学会了裁衣，才开始做起了女人吧？或许，这就是初始。

清代朱骏声的《说文通训定声》中是这样解释的："裁衣之始为初，草木之始为才，人身之始为首、为元，筑墙之始为基，开户之始为戽，子孙之始为祖，形生之始为胎。"

从字形看，初、始，皆为形声。形声，许慎排在构字的第四位，已经相对抽象一些了。朱骏声的解释，恰好证明了这种相对抽象的分类法。

之所以甲骨中不见初始二字，只出现在金文之中，可能有关初始，是周人思想的体现。

612

台，《说文》：悦也。从口厶声。音怡。《史记·太史公自序》中有：唐尧逊位，虞舜不台。

《尔雅·释诂》台，我也。又，予也。《书·禹贡》祇台德先。《汤誓》：非台小子，敢行称乱。可见，台的初始义，当是指代为我。在这里，或许弄清楚了台的字义——即以嘴说出我来，引申为悦。我，即厶。台，另有一音，读为枲。

厶。音私。《说文》姦衺也。韩非曰：仓颉造字，自营为厶。

段玉裁注——公私字本如此，今字私行而厶废矣。私者，禾名也。

王筠《释例》中说：案营者环也，其文曲如环也。他进一步解释说：然环而不交，何也？厶者只欲自利，其曲如钩，不能通达无阻碍也。

段玉裁和王筠的解释，都很有意思。如此，厶的本义，当是人自营其事无疑。有关私，我的意见倒正好和段玉裁相反，私，不是禾名，当是名禾，即标明那一片禾，为私有，为一己的专有——那是我的田里的粮食，是我要去耕种和收割的。公私二字，皆本于厶。并且在其初始，也只有厶字。这厶，无非是指每一个人，去做各人自己应该去做的事情。这字造得是很直观的。私，是我的田禾。公，即不是我的田禾。公，就是与私的区别。《说文》解释八为：别也。像分别相背之形。公和私，界限是非常清晰的，公，在私的外面。

再回到台。台，应当理解为人对其厶的表达和言说。试想，当人说出他沉溺于其中的劳动和收获，并告知他人的时候，可能是非常愉悦的。所以，厶可以同时表示为某人，说出自己的东西来。学者徐复和宋文明先生指出，在日语中，对我的指代的汉字，就是私。

613

人，在甲骨、金文和小篆中，字形很有些差异。

在甲骨中，人字千姿百态，看上去，就是人的各种不同的样子。在金文中，人的姿态少些了，但还站着。而在小篆中，人只有一个姿态了——那是人跪伏的样子。

在周代，人，本是指的贵族。但到了秦帝国，人纵为贵族，在始皇帝面前，是必须跪伏的。

如此，在汉字中，我们也可以看到权力是如何发挥作用的。

614

民，《说文》解释为：众萌也，从古文之象。

这说明许慎见过民的古字。

章太炎先生《新出三体石经考》中也说：民……与《说文》合。

由此可知，民的本义，为众草之萌，假借为民众之民。草民一说，也不是没有来由。《说文》民部下，只有一个氓字，即"氓之蚩蚩"的氓，也是一般的小民了。

郭沫若说，周人初以敌囚为民时，盲其左目以为奴征。此说不足信。

民虽众多，在文字中，倒挺孤独，加起来，也就是萌民氓这三个字。所以贾谊的《新书·大政下》中说：夫民之为言也瞑也，萌之为言也盲也。这话的意思，不外是说，民说的话，就算说了，也是黑暗的，看不见的；有如草言之盲。从贾谊到王小波，这"沉默的大多数"，看来是千古一理。

615

因之，哪怕人在小篆里跪着，人和民，在隶书里，还是没有走到一起。

616

雪中，清洁的思想是寒冷的。
我不得不接近扬起烟尘的炭火。

617

这时，我在雪的白和炭的黑中，发现了对比。
这是黑白的力量，在人的身体上呈现出来的张力。

618

因为雪和炭，我可以去生火。
我是那个学习了用工具生火的人。
火是红的。
红红的火，让我可以欣赏雪的美和有关清洁的思想的寒冷，甚至清洁的思想的功用。

619

我还在炭的黑中，看到了黑的价值。
那是因为木。木，燃烧了一次，还可以再燃烧一次。所以，这木又不叫木，叫炭。

620

那在深山中烧炭的人，在哪里呢？
那些在窑中将要变成炭的木头，它们都经验过那伐木人的丁丁声。

621

和，《说文》：相应也。从口禾声。这让人想到同声相应，同气相求。

咊、龢，是和的古文，金文中可见。

"和"的本字，不用说是"禾"。禾为象形兼指事，特别是弯着的那一点，感觉到沉甸甸的。《说文》：禾。嘉谷也。二月始生，八月而熟，得时之中，故谓之禾。

禾的本义，是谷物的成熟。嘉禾，我们现在仍在运用，是个让人产生满足感的词。

另外，禾，是人文和自然的协同之物。人的食物，可能在其初始，不是禾。想来，禾生在野，只是自生自灭，但后来，人发现它可以作为食物，并且，只有当人能大量种植这种谷物的时候，它才真的叫禾了。

不用说，人所有的努力，都是为了禾上弯曲着的沉甸甸的那一点。那是人心中期待已久的收获。

因之，我可以猜测，为什么"和"的古字，口在禾的左边，而不是像现在，在此字的右边。

我是这样想的。禾通过人的劳作，长成了禾——在我的意见中，结实了，才是禾——让人激动，不禁用口，去品尝，或者轻咬。

那是一种检验。这样的场景，我看到过。在乡下，稻谷在水田里弯着它可能的成熟。而有经验的农人，检验稻谷是不是长得好，或是不是可以收割，最常用的办法，是扯下几粒谷子，在嘴里嚼一嚼。如果觉得可以了，大家就可以开始割谷了。

这样的经验，让我觉得，和，就是以口就实。

就实，并不是为了吃，而是通过人口，去进行检验。

禾如果成熟到可以收割了，就真正拥有了它的名——禾。

而人以口就这成熟的实，就是和。

我想，和，就是这样的生活场景吧。

这一时刻，是美的，也是圆满的。

622

还有龢字。

我想，《舜典》中的"律和声"，应当是这个字。《中庸》中的"发而皆中节谓之和"；这和，我也认为应该是这个字。

这龢，是声音或音乐的和。

人通过劳作而得以收获，不用说是快乐的。庆典，或许就是这样开始的。

因为人自身的身体的规定性，人最能直接表达快乐的方式，不过是舞蹈和声音、音乐。

对丰收的庆典，代代相传。想来不少人都参与过这样的庆典。

龢，《说文》：调也。从龠禾声。《广韵》：谐也，合也。

此龢，是因为龠。

龠，是人用口吹按顺序排列的竹管。《说文》：龠。乐之竹管，三孔，以和众声也。从品侖。《说文》：侖，理也。凡龠之属皆从龠。这意思，是顺着有三个孔的竹管，依次去吹。

这，我想就是人表达快乐的高一级的形式了。

623

再看谐，《说文》：詥也。从言皆声。

《书·尧典》：克谐以孝。又《舜典》：八音克谐。《左传·襄十一年》：如乐之和，无所不谐。《礼·礼器》：君子有礼，则外谐而内无怨。

在汉字中，和、谐、调，这三个字关系是最紧密的。

甲骨中，不可能有这"谐、和、调"字的，因这几字已在抽象观念的层面。

《说文》詥谐互释，从字面看，就是人言皆相合的意思。

又调，《说文》：和也。从言周声。想来也不过是和的意思。这些字，自然也都是周人的发明。

不过，《庄子·齐物论》中，有"《齐谐》者，志怪者也"的话，倒是值得好好思索一下。

我想，在庄子这里，当是一种创新。齐与谐，庄子未尝没有深意。或许，在"谐"里，也有庄子齐物的方法论。只是庄子此思，或许太过另类，因而他自己也名之为志怪。道家，不管是老子还是庄子，对文字，都有一种勉强的态度。这在他们自己的文本中，已经多次说到了，不过是糟粕，或者是糟粕的糟粕。从老子对道的强字之，到庄子笔下运斤成风的轮扁，说的，或许是同一个东西。

和谐，在周人那里，本为一义，可以是音的和，也可以是的社会行为如音的和。和了，也就无所不谐了。

这样说，相当于同义反复。但之所以这样多方言说，其实也是教诲。也就是，在周人那里，对社会和家庭的和谐的强调，往往比之于音声的和，进而推之为君子之礼了。

如此，和谐一词，从生成的角度看，还是在"和"。而和，推其起始，自然在"禾"。禾，是人和自然的互动而得以凝结。

这，也不过是人和自然交感或感通的体现；也是中国智慧始终没有纯粹进入抽象观念的体现。

在汉字的思想中，我们总能找到一个原初的实物，这的确是很有意思的事情。

624

和而不同。

或许可以断句为：和，而不同。口与禾，的确是不同的。

在音乐的层面，和有不同之口，乐器有不同之音，因而，不可能是同一的。和的基础，是不同，是差异。

禾与和，这两个字里，或许有和而不同的朴素的理解。禾，如不是因人文的关注，不可能名之为禾。就算有禾，也不过一株野草。是人的劳作和培植，它和人因此关联，才成就了禾。

而和，是人因此禾的生成，有了庆祝，举行了庆典，得一快乐和满足，如丰收之喜悦。

另外，人与禾，皆为自然之子，并无高下等级之分，只是人在其自身需要之中，因为要去营求肚腹之一饱，而成就了禾，也发现了自己的智慧和能力，并因此往更高一级走，到了人文的龢——八音克谐了。

625

和谐。

这两个字，更多有周文明的特点。

但作为一种中国气质的思想，大有价值。

626

相对于缺席的权利，我可能更在乎孤立的权利。

缺席的权利，是别人邀请我参与，而我不参与。这，无疑是一种权利。

而孤立的权利，似更彻底，我连视野也不进入，使参与变得不可能。

孤立，只有一个我，只是一个我了。这有如庄子所言，举世而誉之而不加劝；举世而非之而不加沮。

627

清洁的思想如雪，多了，必成灾。

如此我喜欢更浑浊的日常和它的亲切。

628

对不断演变的汉字字形的观看，首先可以看到一个字是如何出现的，即如何呈现或显现的，这个字形告知了一个物象、事象或心象而自成一象，或曰在汉语中，语言的某一能指的能指是如何生成的；其次，它的本义即这个字象是如何进入语言这个能指系统或曰符号系统的，即如何被纳入到语言的秩序，或语言的逻各斯之中的。这第二点可以把单字从语言的逻各斯中首先剥离出来，从而呼唤了一种新的可能性。特别是对当下的现代汉语语境而言，这可能性非常珍贵。

629

汉字由于其演变，足以使文字学得以成立。汉字天然的自律性，也使汉字有某种自足的本体论意义上的特征。可能因为这一点，使汉字可以一只脚站在语言学的外面，如方言的千差万别和汉字的相对稳定不变。因之，一篇汉字写成的文章，可以用多种语音来诵读。由于方言的自成体系，所以，汉字扫盲几乎总难完成。

汉语和汉字的这些差别，还没有充分被思考。

630

比如甲骨，不仅是古文字的起源，更深刻的因素在于，那一个个字，离当初的所指最近。

世间的拼音文字已经远离所指而直接进入了语言的逻各斯。

所以，甲骨、金文乃至简牍，可以作为所指的考古学的第一手材料。

631

不少学者释"且"为男根，殊不足信。且，在甲骨中，只不过很像一只吹足了气的安全套而已。祖、俎等多字都可以证明且为条案，为初始的象形。

也，为女阴象形，是否确实不明。《汉语大字典》也认同《说文》之说。

只是，也和它，因字形相同，后来混用的地方太多，也字也就慢慢被遮蔽了，穿上了文明的内裤。

632

在风雪的棉被中，我呼吸了十几天清冽、寒冷的冬天。上午，太阳终于出来了，像一轮满月，在仍显阴沉的天地间，也是冷的。但到了下午，太阳的脸上有了桃红，也成了天地间唯一的红，让人感喟。回家的时候，我听到了水滴落下地的声音，真是久违了。在满眼静止的雪中，水声间断地滴响，那就是触动了。

633

今有人于此，问我：在这么一个浮躁的社会里，大家都在被功利和增殖逼迫得喘不过气来的时候，你怎么可以有这样沉静的心境？或者你的内心的真实图景并不如此，是不是有意给它涂上了一层防护漆，因而多少显得是一种伪饰？

这真把我问住了。我也并不清楚自己。

想想，如果那所问是有效的话，我或许可以这样回答：我的日常生活，是按以前的且现在已经被丢弃在历史垃圾堆里的一些常识，在生活。

634

技艺冶炼出钢铁
骨头便无处藏身

635

现在，我更多在心象的意义上看待数字 0。

它可以和老子的玄牝之门相关，也可以和庄子的道枢相关。

当然，它也是一个空位。

空位，不是有，但也不是无。客观世界中，本无此空位，是因人心的介入——心象的至为简约的图画——从而与人自身相关。

636

上帝说，要有光。于是就有了光。这是《圣经》中很有名的话。

有学者指出，在《旧约》中，这句应作为：上帝说，要有言。于是就有了言。可为参考。

光，在甲骨中，也是很有意趣的。从字形看，是火在人上。可见，光来源于人与火的关系。

《说文》说，光，明也。从火在人上，光明意也。

光为什么来源于火，值得推敲。日月有光，但那是普遍的明亮，是一种照耀，是自然给定的。而光，是人与火的接近。

火，对原始初民来说，可能就是突发事件了。如山火之燎原，是危险的，需要远离的。但后来人能用火，虽说火哪怕到现在也一直是危险的。人能用火，表明人再也不用远离火。

最让人感兴趣的是，光，不是人在火边，如我们进行篝火晚会的样子；而是人在火下。我想，这可能来源于人对火的敬畏和人的吹火的行为。人吹火，头肯定是在火的下面的。火经了人的吹，火苗一蹿一蹿，像光，跳了出来。另外，火给人的感觉，总是一种向上的力量，是人不能完全控制的力量。人对火的敬畏和崇拜，是火自身的这些特性使然。

这，可能是汉字中光的本义。而因为语言，人得以理解自身。人的那个内心，经常只有语言的光才能照亮。我们或许都有过这样的体验，在某一时刻，像看到了内心的光亮，那光亮像火苗，蹿了出来。

637

磨砖不能做镜
禅外或可谈禅

638

某个我自以为发现的真相，时时只是某一个词，以及以这个词为核心建立起的某一话语秩序。

639

在一个文化侏儒的国度里，做一个顺民也是困难的事情，因为意见太多且不着边际。

640

不要指望坟墓的拱形能够教育生活中的驼背。

641

作用力与反作用力，无疑有原理。

此原理也并不阻碍早起练太极拳的人，一拳拳打入空气，如泥牛入海，不得那反作用力。

那些不被纳入某某原理的力，如兰之在野，是香得不要人闻的。

这或许是逸趣的特征：一旦被纳入，即不逸不趣了。

这逸，跑出了所有已知的原理。

642

在识字之前，家人总是把太阳叫日头。那是方言。后来识了字并做起了文章，就改成太阳了。

太阳，想来不过是汉儒的知识论推广后的称呼。在日头里，自然没有汉儒的知识的太阳，也规避了汉儒的知识的太阳。

另外，对我们现在呼太阳成习的人来说，太阳和汉儒，已无任何关系，太阳还可入喻，比为革命领袖。

不过，在汉字之中，日是最初始的。日，肯定不是太阳。

643

地名，因人的活动，在我眼中，都已不是单独的地名。

我熟悉的地名，是我随时可以引用的典故。

644

文字的狡计在于，只要谁乐意，谁都可以赋予词语以等级秩序。

645

写作者，即文字等级秩序的赋予者。

比如，说诗是语言的钻石。这种自吹自擂的赋予比比皆是。

而在任何一部字典中，字，都是平等的。

要之，那赋予者，即中计者。

文字作为书写，无不以借尸还魂的形式，等待那些可能掉入陷阱中的人的每一次书写。

646

文字都是有待复活的。

文字不藉此，不能恢复对方言的统治。

647

任何赋予者都不能逃脱引火烧身的悖谬。

648

赋予作为另一种形式的剥夺和压抑，一般是隐而不显的。

文字如此，因为文化的形式皆如此。

这有如老子所言，失道而后德，失德而后仁。

但那原本之物，亦非实体，不是一劳永逸地给定的或实存的。

也就是说，万物皆流，无物常在。

只有在个体体验的角度，物之为物，才有缘呈现。

649

只有呈现的允诺，物才以物的面容，出现。

650

赋予只有在平等分享的告知的意义上，才是可以接受的赋予。
这有待允诺。

651

当艺术回到了自己的专名，发现自己能要求的，恰恰不是纯粹。

652

在城市陌生的人群中，看到人群，就像看到整齐的路灯，有陌生
的信任和温暖。

653

对的，并不止你一个。

654

六经无"真"字。
因之，有关真，可以暂时悬置。

655

海德格尔的真理观是无蔽。
按照汉字本有的思想，所谓真理，在认识，乃是看到了物（玉）
自然的纹理；在实践，乃顺物之纹路而施为；在人的生命过程，乃是
知道那物的在和其纹路，收摄于心而已。

656

我不敢和树比虚无的速度。

657

我在想，人如能不执着于我之此生，安于自身的有限，或可像感受春天一样，因一片叶子的萌蘖，而欣喜无限。

658

你为什么安静了？
那是因为我放弃了刚刚过去的这一刻。

659

对自我，或许有一个基本的追问。它或许可以表达为——只有你，才是最直的那束光吗？或，你是最亮的那束光吗？
当然，人也不能毫无来由地自我贬抑，作那虚矫的自谦。
或许好一点的态度是，大家作为一束光，不过为那一束的照耀。
此即为守己。
我更多关注人同自我的关系。

660

人之异于禽兽者几希。此话不错。
不过，人之不异于禽兽者几希。此话同样不错。
因之，抬高人的优越地位，并无充足理由，那不过是人自我慰藉的幻象。

661

一场雨，虽然密集，但像股市里互不相识的散户。

662

桃树在春天开花，是自然的命令。春天到了，它就开了。

而蝴蝶、黄蜂在春天的一朵朵桃花间奔忙，它们所求，不过一饱。也是自然的命令。

而桃花在这一过程中，又实现了自身繁殖的目的。这仍然还是自然的命令。

当然，这都是科学告诉我们的。

如此想到人。所谓人定胜天，只能在蝴蝶和黄蜂啜饮到花蜜的层面上，才能被理解。如它们经由自身并不理解的规定性，如在花间采蜜，从而获得实现感。但，那是自然的允诺。

的确，这天天都在发生的自然允诺的有序和合目的，才是真正伟大的。这伟大，大于我们所有可能的认知。

663

恢复对自然的敬畏，即是节制人对自身的溢出。

人在自身经由主观性吹大的泡沫面前，不妨从事艺术，自满于此斑斓。

664

我在桃树下的那个下午，我走了，桃树还在那里。

665

告别革命之所以必要，有如近亲之不能结婚。

666

我曾以为，德，在汉字中的本义指的是众人十目一心的攀登。

再看甲骨，德，其实指的是在十字路口的一只大眼睛。

667

对普通生活场景和普通人的喜爱，是个体自我认同最好的方式之一。

668

一元论，可能是哲学中的一神教，万法归一也好，绝对普遍也好，不免是独断的、排他的，是不好的。

二元论，不过是有影子的一元论，或拖着辫子的一元论，二项对立也好，相涵相摄也好，不免高下尊卑，自相矛盾，相互压抑，也是不好的。

但多元论更不好。

多元论之所以更不好，有如散沙只能匍匐在海岸的岩礁之下，或附着于钢筋楼体的水泥表皮，如藤之绕树的寄生。

如不执着于某论，它们又都是好的了。

最好的论，看来还是：无论，或归 0 之论。

不生，即不灭。论生，即允诺了论灭。

只是对个体的人来说，有一条道路却是必须要走的，即是我们日常所说的——生路。但生路亦即向死之路。此理，不过是个体的局限之理，自局自限就是了，原不用外化的。

669

维特根斯坦是可爱的。

他之所以有一个自我认同的人生，大半缘于他冗枝尽削的逻辑；同时也是冗枝尽削的日常生活。

的确，他就是这样的，这很神奇。

670

反对别人　不如

反对自己

我反对我心里的柏拉图

671

冯友兰先生引孟子所言：望道而未之见。

此话，当是所有追求者的心态吧。

简单分析孟子的这句，即可得出：所见者非道；我欲望见的道，还没有出现；道虽不现，但我之所望的姿态，还是比较清晰的；我有我所期待望见之道。

由此，我或可知，此道在他处，且望而不得。

不过，我是很怀疑这种态度和姿态的。在此，我倒宁愿选择这一句：道不离寻常日用。

人惯于见秋毫之末而不见眉下之睫。我如望道，必先睁眼。

当然，能看到的，未必能走到。能走到的，必已经过了一条道路。

672

人眼所见，非物，乃象。

物之所以为物，乃是它自己，非人。

人所见之物（象），收摄于心，已经是美了。

这一过程，在汉字的生成中，随处可见。

这生成即是交流，有我们迄今为止的思想的秘密。

这些，都是在的，或曾经在过的。当然也是要消逝的。

时间如灰尘，也如阳光；

像一个阳光普照的辉煌的午后。

这景象，如发光的铜。

673

不到湘西，不知蛊惑。

蛊惑可以视为巫术，也可以视为人心的念力，即心的力量。

心是无形的，但可以找到寄托之物，比如水。

心在，蛊就在。

这是我理解的蛊惑的地方性知识。

674

一个人在满足自己的同时，能想到不损害他人，就是善了。

675

一个人。

在这样的表达式里，我莫名收获了感动。

676

对生命的敬畏和赞美，都是次要的。

生命之为生命，在于它是典型的自我表达和自我实现。

生命和善恶无关。

677

一直疑惑"尘"字为何在繁体中写为塵。

按我们现在的习惯了的望文生义的解字法，尘，小土也。这样解释，当然说得通。尘，不就是那些肉眼可见的细小的土粒吗？

但繁体的塵的字形，明显告诉我们，尘的字义，肯定不是如上的解释。

于是看甲骨中的尘字，和繁体的字形是一致的。在甲骨中，尘，是一只奔跑的鹿身下出现的土。

这时，我才发现，尘的字义异常清晰了。

想来在远古时代，植被极好，裸土是很少见的；如此，空气中很少看得见尘。只有在动物奔跑的蹄下，如鹿，我们才看见尘土在动物奔跑的动能中，被蹄子带起来，出现在我们眼前。

由此，我或许知道了尘的字义的发生。

只是那一幕，在现在是极难被肉眼看到了。

鹿蹄下在日光中扬起的尘，已是稀有的美。

678

在我看来，人最大的敌人，肯定只是自己。人这种动物种群，是天然有社会性的，有如猴子和狼的社会性。只要在动物种群之中，必然会发生一个种群侵犯另一个种群。

事实虽如此，但在我看来，强调任何外在的敌人，即是强调恶。这恶，是人与人、人与自然之间的恶；即对待任何异己的恶。这恶的直接后果是奴役他人或自然——即为了某种属己的目的，压抑、制服、利用任何异己，使其驯服于属己的目的。

这，就是所谓作为万物之灵的人的罪恶。

当然，人也不能无故自我虐待。如果辨认出敌人不过自我，不妨自我节制，不用时不时把自己的主观性溢出体外。孔子说得亲切，己所不欲，勿施于人。当然，除了人，还有自然。

679

世间无一事不可求，无一事不可舍，闲打混也是快乐；

人情有万样当如此，有万样当如彼，要称心便难洒脱。

读徐渭此联，颇可一乐。上联不用说了，好明白。下联最后一句，最是精要。设想，凡事都想要称心如意，人必被所缚，难得放下，自然不能洒脱了。

680

喜怒哀乐爱恶惧；

柴米油盐酱醋茶。

从人情到生活，不过都是此七件事吧。

汉儒喜欢五，我喜欢七。

681

只要人类社会中还有杀戮和奴役存在，就不能说人已挣脱动物种群的那种社会性，更需要反思的是，人类文明何以迄今为止仍不成熟。

682

世界和生命从何而来？不清楚。

世界和生命存在，清楚。

存在是什么？存在就是是其所是、如此这般、流变不居、物是人非、沧海桑田……

683

感而遂通。

这或许是对感通最简单的解释。

684

清楚。

未必清楚。

有关清，我们或许会说，水色透明谓之清。这肯定不错。

但有关清的字形，在汉字演变的历史中是很不清楚的。

清，自然可以让人想到青。青，如按许慎的解释，则为东方之色。而"青"的古字，太多了。有人释青为生，像物生时之色。可以肯定的是，青，是人对事物由晦而明的一种看见。"青"字下部，旧字形不是月，而是丹。丹象为朱砂和采砂之井。或许，丹，才是青的字源。我猜想，丹，是先民对物的颜色（如朱砂之艳）的一种固定的判断，而青，则会意为一种色彩的生成，有如青字的上半部分。

如此，清字的路线图或许是：由丹而青而清。有一个字形和语义不断生成的过程。

　　当然，这和我们现在使用的清字的语义，一点也不矛盾。清，就是我们看到的透明的水色，同时还是一种对人和物的感觉，如清气、清爽等等；而且，清还可以因这种感觉，被引申为一种位格，如清高，形成价值判断了。

　　楚字也相当。楚，许慎释为丛木。一名荆。《诗·小雅》：楚楚者茨。楚字字形上为林，下为人趾，中为一圆，有如一池塘似的距离。我想，楚的字形，或许是告诉我们一种驻足而望的看见，如对林木的凝望而发现的一种繁茂的视觉。可能正因为楚字的这个属性，才有"楚楚动人"这个成语。楚，就是一种复杂的看见了吧；有一种接连不断地看清了的感觉。

　　由此，我或许可以理解"清楚"二字的语义是：不仅是一览无余式的看见，而且也是比较复杂和全面的看见。

　　如此，"清楚"二字里，有很全面的感知和认识。

685

　　老子说过，天地不仁，以万物为刍狗。

　　地震，就是这天地不仁的表达方式之一。

　　但在日常中，这却成了我们拒绝或遗忘的内容，只有当它一旦发生，我们才像突然回忆起了什么，并有所感应，有所行动。

　　天灾并不是提醒，是一直都存在着的可能。的确，这些天来，我的心跳一直在感应着地震的跳动，但觉得无论做什么，不仅是无力的，也是滞后的，甚至是多余的；虽说也是必须要做的。不做，无以安宁。

　　但那些一瞬消失的生命，像铁的必然性一样，无可挽回。

　　最让人绝望的是，没有人可以身代。这一个就是这一个，生和死，都只是这一个。

　　我想到的是，在天地的不仁面前，生物之本能，却是伟大的。

　　求生的本能，甚至求死的本能……这生命体中的固有之物，并不因生或死之类的结局而有所改变。

因之，我在灾难面前，赞美生命的本能。

686

马克思说过，哲学家是以不同方式去解释世界，问题在于改造世界。

对于普通的个人来说，个人是以不同的方式体验生存，问题在于如何思考生存的体验。

687

目的，按字面理解，可以视为眼睛所看到的地方，那一有限的明亮的空间。

目不用说是眼睛，在人体上。的，就是一种明亮。所以《说文》训"的"为明见。

"的"之所以为明见，那是因为它能被肉眼看见，看不见的，都不是"的"。的，就是所有能被看见的。

另外，在希腊语境中，telos（目的），是完成和实现的意思。这也有趣。

只是，任何目的，就像人眼之所见，都是有限的。这，或许是目的自身的规定。

688

《金刚经》说，凡所有相，皆是虚妄。

我暂时住在"象"这个牢笼里。

689

沉河说，我见，即我所思。

在另一个层面，我见，即自我之牢狱。

690

如果还有一种可能，我就不想完成。

691

人之生也柔弱，其死也坚强。草木之生也柔脆，其死也枯槁。

连日来耳边都是老子的声音。

现在，坚强与枯槁，都不辨了。生，不仅柔弱，而且痛苦。生的真理盲目而鲜活。

692

翁方纲说：天地何处不草书。

我觉得此话深得中国书法精神的精髓。

在中国书法中，草书，是最抒情的。草书是对人的激情的回应。

有时我看到山的脊线，觉得那是多么的有情态和自由呀。有时看到河的边界，觉得在河的那界限中，河水有最有意味的笔墨的感觉。在池塘边，我不仅觉得水波是书法的，就是一整块池塘，在盛夏的时候有如王铎用的胀墨法，像要洇进大地里。不用说黄庭坚在船夫边感觉到的一波三折，那是桨在河水中的折射。

我说的这些，只是一些细微的感觉。在天地之中，这些细节俯拾皆是。

但能像翁方纲那样，把天地看成草书，则得另具手眼。

如果没有心的自由和奔放，天地仍然是天地。只有在一种美的观照之中，天地山川，才有那种势能，像笔势。

书法写在纸上，有如山川在大地之上。山的枯线和绿色的润泽，有书法点画的丰腴瘦劲之感，何况要加上河流，在一定的局限之内的充盈和皱褶。

同样，说天地何处不楷书，也是同样能充分感觉到的。山的屹立，水的渊静，都是楷则。

我之所以喜欢他说的草书，那是因为情感更浓烈的介入了。

有情的草草之书，不仅快速，更有一种急迫的想写下更多的欲望。

693

往事因何美丽？

它来源于消逝，来源于仍然在生活中行进的感觉。

694

主义，有如主角，是聚光灯照射的对象。主义，即是等级秩序的体现。

因之，任何主义，都是可疑的。主义的暴力，即是主义得以构成主义的动能。

任何暴力都是恶的，主义，也是恶的。

以此观之，人类中心主义不可避免是恶的。

人类之中，还有各种文化。文化可能只能被称为要义，是历史积累的某种气质、禀性或生活的方式。

文化是不可能被称为主义的。

在这样的理解的基础上，文化的要义，有如某人想念的某种食物的滋味，如风俗，是局部的、局限的、地方的，有界限的。

另外，在每一个新的生命面前，文化的要义，最多只是提醒，而不是规范乃至束缚。

生命和自然一样，是自然正当的。这，是对文化创新的允诺和可能性的展示。

与生命相对的自然，更是自然正当的，它只是它自己，有如庄子所谓：藏天下于天下。庄子的深刻在于，当天下只是它自己，它不可能多，也不可能少，也无法被掠夺和逃逸。那是范围的自洽。

藏天下于天下，是一的圆满。

自然和每一生命一样，都是一个一。

自然因允诺了无穷的一，所以，它这个一，只能是零。

圆满，就是一的零。

695

我相信老子是深通天道人文的，所以，他说道生一。

这也就是说，道不是一，道是一的根据。并且，道，是不可命名的，只能权宜强字之、强名之。

按我的理解方式，此道，也可以理解为零。

696

在生活之中，就是神性的了。

沉溺于属己的生活，恰是体现了生活的神性。

这是中国式的宗教。

以神性的高远而否定日常，那是外在的规范对人当下的否定。

以当下否定神性，那是井蛙不知江湖之远。

这两者，似都不可取。

神性的高远和日常的属己，当它们能够共鸣的时刻，那既是人性的，也是神性的。

697

有思无诗，此思必滞。

有诗无思，此诗必薄。

思诗互浸如河伯之渚崖之间不辨牛马，乃得庄子文义。

698

当今世界，可以视为资本推动的文明。

这文明一般可以被理解为：古希腊—中世纪基督教—近代资产阶级理性—全球化自由民主社会。

这文明的基本特点可以概括为：普遍化的、追求效益最大化的人类文明。

但中华文明从来不是这样的。

中华文明讲求的是：任何时候都要保留生发的可能性，要留有余地。有一份对人之外的他物的尊重。

留余，即是不追求效益最大化。

资本有如传教，要传播到每一可能的地方，这是资本扩张的本性。

而中华文明是节制的，也就是说，从不渴望去一次走到尽头。

699

《易·系辞上》有：圣人立象以尽意。

有关这句话的基本理解，我以为，得分为三个部分来进行。

第一为人。这是属人的活动，为人文。

第二为立象。立本就是人正面站立的样子，象为人与自然相遇所见之表象，指的是人的直观活动。这象，为人所得之象。

第三为以尽意。关键在意。此意，不是指的人心中之意，乃指的是自然本有之意，即天意。

这句话，说的是人与天的互动。

700

象，是人和自然的第一接触点，是我们通向自然和人自身生命的入口。

象允诺了所有可能，而且它总没有错。

701

肖萐父先生重明清之际，欲从本土固有的思想资源（如王夫之、黄宗羲、傅山等人）之中，找到那个"传统与现代化的历史结合点"，从而逻辑地推导出中国式现代性的可能。

以我之见，中国历史上，明清之际、唐宋之际、周秦之际、商周之际，都是非常值得关注的"之际"。

王国维先生在《殷周制度论》中，指出了商周之际制度和文明的根本性变化，让人膺服。

不过，中华文明史上的商周之别，应该说并没有引起足够的重视和讨论。

商人贡献了成熟的文字，人文（人的活动）皆可见之于单字。周人承继了这种文字并设计出了相当成熟的文明样式（周礼）。

由于后世儒家道统作为主流意识形态的遮蔽，加之可见的最早的典籍大多为周人之文，我们基本忽略了商人的表现为成熟汉字的文明。

另外，周公制礼，使理性获得了特权，商人的帝、鬼等等可以被称为巫鬼文明的东西，以被压抑的形式在民间流传——这总是不被驯服的非理性，在楚文化及西南和北方少数民族中保存独多，以艺术和生活方式保留了下来。

702

相对于大多数执着于一的形上学家来说，孔子"叩其两端"进而"执两用中"，这是其过人之处。

比如一句"性相近也，习相远也"，在孟子，可以导出"性善"；在荀子，可以导出"性恶"。

可能正因为孔子不执着于一，所以，一直以来也没有谁把他当成真正的形上学家。

人的性相近、习相远，是一直观现实——我们都生活在不同的远与近之中，有相似，有差异。

远与近，都必须经过人的行走，才能被体验。

因之，孔子的来往于两端的脚印，是很有意味的。

一般的行者，可能只走到目的地为止并因此行走而实现目的，成就了那一端，但孔子走了两端，进而停在中途（如天平的中轴），不过，但及。

703

汉字隶变以后，很多字义失去了踪迹，因为隶变，使很多字的字形发生了改变。

另外，还有不少遗骸留在许慎的《说文》所列举的古字之中，以及战国竹书及李斯等人书写的标准小篆之中。

汉字本义的追寻之旅，或许可以从这个地方开始，一直回到甲骨。

704

没有谁不是孤独至死的。

由此乃得生之热烈乃至璀璨。

705

谁都愿意向往明天，明天寄托了期待和希冀。

明天，也就是让可能变为现实，让不在场出场，依稀如愿景。

我却更多愿意挽留昨天。我捍卫记忆的权利。

昨天，是那曾经的在场的不在场，部分留存在记忆之中，也部分沉淀在器物的表皮。

我甚至觉得，昨天可能比明天更好。

当然，这些都发生在今天。

706

按照老子，道，一方面超言绝象，另一方面也恍惚有象有物。

道之所以超言绝象，是因为一说即错，有象则执，如此，道不得全。

但道非无。道永远在发生作用并能体悟，但永远不能被呼唤出场。

707

我们现在说，诗是语言的艺术。这不错。不过，如说，诗到语言为止，就很让人怀疑了。

如此，不能解释古人说过的如"不着一字，尽得风流"或"诗无达诂"。

古人作诗，讲求"言有尽而意无穷"，有如庄子所谓，天地一指也，万物一马也。

根据对汉字的观看，我认为诗为言之或言止，不过是一个汉字的构字法而已。

诗，是要说的。在形态上，或许更多表现为，有说的冲动，因而书写，但这冲动和书写止步在无可言说的道路断绝之处。因之，从这个过程看，诗，表现为冲动和言，止步于书写。

如已得诗，言和书写都是可以丢弃的了。不管是在生产或者消费的层面看，诗，看得出这运动和静止的轨迹。

诗如道，也是超言绝象之物。

708

每一个汉字，都为一表象，不仅如此，它还有自己独特的景深。

709

汉字的"问"和"闻"，都是会意。

问和闻，都有声音。

从现在的字形看，这两个字，和我们的口耳相关。

不过，在口耳之外，它们很奇特地共享另一个字，门。

门，许慎解释为：闻也。从二户。象形。

这里，许慎以闻释门，可能有不得已的地方。

直观地看，有两个窗户亦即被称为门的建筑，那里面有一个空间。有意思的是，许慎的解释，是通过听，从而知晓了那个建筑内的空间。但他对门的释义，又直指为象形。这样，许慎的解释，是混乱的。

不过，有一点可以确信，门，在汉字中，首先是由两扇窗户搭建起来的。

这即是说，如无那两扇窗户，汉字中没有门的概念。

如此，门的形成，有赖于窗户的提醒。或许可以说，是人的建筑上的窗户，才形成了门。

想来先民本无门的概念，进出栖止，皆为当然，谁进谁出，或无定规。

但由于窗户的存在，有人，就在窗边止步了。

由此有问，有闻。

在看不见的空间外，声音，在指引人的感知。

或许，这就是汉字"问"和"闻"构成的真实的原因。

对于主动的人来说，看不见，就开口了。而对于被动的人来说，看不见，或许可以先听一听。

可能正是这窗户下的口和耳，加上窗户，一起构成了——门。

门，的确就是对空间的标识。或者说，门，是对空间的占有的形式。

如此，门，不仅在空间中画出界限，规定了谁在门内和门外，谁只能问和听，也影响到人的心理，让他在门边止步，放弃视觉，而运用听觉。

汉字的门，大有意趣。

710

马叙伦先生认为，美字从大，羊声。似把这个字当为形声字了。他还认为，这个"大"字，指的是女人。

我一直认为，美是会意的。我认为，许慎以"美"释"好"，而不以"好"释"美"，是有道理的。我想他可能注意到了词源上的先后关系，才这样解释。

按现在的一般的知识，人类文明母系社会在先，对美的感觉，应当发生在外物之上，而不是人对人自身的美的省觉。美字的发生，也当是在人有了驯养羊的经验以后。养羊，无非是为了食其肉、衣其皮，以保衣食无虞。这样的生活，应当就是美的了。

我想这是一种先民看到壮硕的羊的视觉，然后有了味觉的通感。所以许慎释美为甘，只和人的味觉发生关系，和男女的性别没有关系。许慎在释美的时候，还给出了一个强有力的证据——美与善同义。或许，美与善，只是一个字的不同的写法，但表达的是一个意思。

从甲骨字形看，善，是对羊的言说，羊字下面，有两个言字，可以说得上是交口称赞。我想，那可能是先民对羊的肥大壮硕的赞美，对可以期待的食物和美味之类的赞美。

或许人类进入父系社会以后，对女性的观看，使男性更多地感觉到了美。比如：媄。对这个字，许慎的解释是干脆的：媄。色好也。从女从美，美亦声。这形声而兼会意，很清晰。

从许慎的这种释字方式，可以推测，大多带有女旁的汉字，更多来源于男性的那一双眼睛。有如当初在为食物而奋斗的时候，看到了羊的体验。

因此，马叙伦先生认为那个"大"字是女人，也是不可信的，多少有以今释古的嫌疑。

汉字，本就是美的象。在美和象这两个字中，我们至今仍然能看到羊的犄角和大象的长鼻子，虽说这样的美象我们一直忽略而不感知，但有时候，我们也能听到这些汉字在沉默中的发言。

711

形上学在海德格尔那里，已经是词源学了。

到德里达那里，已经是文字学。

不过，形上学毕竟不是文字学。这种貌合神离，缘于人恒久的欲了解生命和自然的推动。

这推动如本能，并无新意可言，无非是不断重复而已。

汉字由于遍布了人和自然的踪迹，使得想进入其中的人，不仅方便，而且更愿意沉溺于此游戏。

712

凡事不局限于我，即生一双慧眼；
斯世皆生机自动，何不相与齐谐。

713

海德格尔说，坚持在表象之中，同时反对表象。

此话让人一醒。

表象总是对的，是天人互动的入口，但不是终点。

或许正确的道路是：我们经由表象，抵达了物，同时获得了心，并且任何时候都没有走出表象。

714

胡兰成在《山河岁月》中说："数学的 0 无有内外，点唯有位置而无面积，线惟有长而无幅与厚的由来。是故数学与其说是理，毋宁说是妙相，印度的数论师是相宗，而中国亦以数学通于天人之际。

"西洋人不知文明是这样虚虚实实的存在。故罗素说 0 是一个群或团或类，殊不知 0 时尚未有一，如何能有这一群一团一类的一？而且数学是演绎的，归纳但是演绎行程中的段落，他以归纳法作成的群或团或类乃是科学的，而非数学的。以归纳法作成的 0，即有内外，有非 0 的部分，有限而不精密，又如何能是数学的 0？

"0 亦即是点，是点之初，从 0 生一，此时 0 遂是点了。又从点生线，从一生二。是一路演绎的过程，《隋书·律历志》有'传曰，物生而后有象，象而后有滋，滋而后有数'，这'传曰'真来得辽远，乃是从新石器人传下来的。"

看来，我之所思，亦前人之所思，并无什么新意可言。

715

突然想到张志扬先生的一个问题：汉语言的能说和应说。

感觉这个问题多少有点问题。

汉语言和别的语言一样，都是能说的。任何一种语言，不可能有优劣高下之分（如卢梭和黑格尔等人的偏见——拼音文字才是文明人的或高级的），哪怕某一民族语言没有文字，也不妨碍它的能说。

如果真要评判语言文字的优劣，可能也只能在短暂的"说什么"之上，即，此语言能说出个什么来。对于不同的语言来说，可能有一种语言只能说出昆虫和鸟，而不能说出另一种语言可以说出的逻辑和飞机；纵然如此，也不能评判说，逻辑和飞机一定比昆虫和鸟能说。可能还有语言既能说出逻辑和飞机，也能说出昆虫和鸟，但也不能评判说这种语言最能说，因为内容多不是尺度。

另外，在价值层面，一种语言只说上帝，另一种语言只说鬼，上帝和鬼，是无法比较的。

当然，翻译还是可能的。语言之能说，允诺了翻译。

但翻译一定是改写，不是完全一致的，对于译文来说，只是接受了可以接受的，剔除了不可接受的。翻译即是沟通，是动态的，边界不断扩大或缩小的。正是翻译，只能说有了一个不断变化着的公共空间。

语言也不可能如海德格尔所言——不是人言说而是语言言说，就像人有多个，族群有多个，语言也有多个，语言和人，语言和语言，依我看，是在半自律地互动言说。

至于应说，就更不可说了。没有谁能规定一种语言应该说什么。

虽说人在社会历史的日常生活之中，经常会遇到"能说"和"应说"的现实催逼，但这只是一个具体的现实日用的问题，不是语言学或哲学问题。

相应地，张志扬先生的"苦难转换为文字为何失重"的说法，多半也是心理主义的，有把个人的心理体验普遍化的倾向。当然，个人体验和某种语言文字之间，也是有隔阂的，或许某人可以用英语表达一种体验，但无法用汉语表达那一种体验，然而不能据此判断一种语言失重，而另一种语言逼真。这，也只是偶然相契，没有必然可言的。

716

不过，张志扬先生有关"偶在"的思想，我是很认同的。

根据张先生，偶或偶性，来源于亚里士多德的《范畴篇》和《尼各马各伦理学》。

在那种语境中，偶性指的是实体的非本质属性，即附着于这些本质属性之外的、可以存在也可以不存在的属性。

但偶性是非常有力的，它同时否定了必然性和不可能性。

偶在，因为它是一可能的存在，当然不是不可能的；但偶在正因为是偶在，所以不是必然在的。

另外，在汉语语境之中，偶，是成双成对的，不是二元对立的，也颇有意味。

对偶、配偶、相偶；偶然、偶尔、偶遇……汉语中的偶，是可以相互映照，共在一起的，虽说不必然。

我觉得在汉语中，偶，更多了些亲切和欢喜，有眼前一亮的感觉。

偶，因而是有，不是无；偶还对应着对面的另一个，是一的二，也是二的一。

如此，偶不仅不是无，还是偶然多出来的另一个有，它们一起互相涵摄了对面的那一。

这是二和一的对望式的偶。或许如管道升写给赵子昂的诗，里面有人伦，也有天人。

717

汉字的音和义,即是对偶的,不是对立的。

不像索绪尔区分的拼音文字的能指(语音)和所指(语义)是分离甚至是隔绝的,汉字的音义是相互涵摄并按相应的规则相辅相成的。

汉字的能说,体现在它的形旁和声旁的生生不息的运动过程之中。比如,化学的元素周期表中的诸元素的命名,大多是汉字这种能生和能说的例证。民间识字,也有不认识的字读其一半之说,也大致不错。

可能因为汉字的这种属性,使运用汉字的人,在言说和书写的时候,即服从了汉字的这种规则,影响其人入思的方式和体验的方式。或许可以称为偶的方式,互为镜像和映照的方式。

因之,汉字或许正是海德格尔说的那种既在表象之中,又拒绝走出表象的东西。

书写之时,汉字是一定不在场的,但汉字的字形,又是对在场的返回,对消逝之物的坚持和挽留。

另外因为自身的规则,汉字形中有音,音中有形,一直没有彼此拒绝,从开始就溶浸在一起,由此我或可想到,正是汉字,使我们这些在汉字文化圈中存活的人,没有那种一刀两断式的分裂,如天人,如身心,如人际,等等。

718

根据裘锡圭先生对郭店楚简《老子》的释读,发现了一个"道"的异体字。这个道字,乃是"行"字中加一"人"字。在《说文》中,道的古文,如衜,也从行。看来不是无因。另外,裘先生还举出了《汗简》中《古文尚书》和《古老子》此字的例证。李学勤先生也认为,这两个道字为同义词,可以互用。

如此,不仅德从行,道也从行,是行的孳乳字。从字的生成看,德字构成在先,道字构成在后,这或许是老子《德经》在《道经》之前的一个小证据。

根据这两个异体字，我们或许找到了汉字自身呈现的道学——进于德，然后或能进于道，二者都是践行。

另外，在汉语中，一，也是道。如唯初太始，道立于一；天得一以清，地得一以宁，人得一以和。

719

道、德二字皆为"行"字的孳乳无疑。

行字的有趣，在于它直观地画出了一个十字路口。

在行字的初始，或许只是呈现这一现象而无甚深意。想来在无路的地方，最简便的办法，是先分清个东南西北——这四种欲踏上的可能性，就是"行"这个十字路口所呈现的空间简易的分割原则。

这本是在浑沌如圆的陌生的空间的至为简省的原则，最少，行这个十字路口，在一无可辨的空间中，找到了四种可能。

有东南西北的可辨，才能增益为四面八方。

因甲骨金文锲刻的习惯，道德二字皆为西向，人的姿态朝西，眼睛也朝西望。都是向左的。待到人和目进入行的空间之后，右边的，经常被省掉了。

这很有趣。如在初始的观察之中，这个十字路口本为一观察的视觉分割，但人和人目叠印之后，这十字路口，在视觉上看，只指向西边了，一下子消失了另外三种可能。

720

行，本是初始的象形，指的道路。

但这象形，因人的经验的缘故，逐步有了些意思，变得有些会意了。

这个过程，或许正如唐兰先生所体会的——汉字的形构规律，不过为"象形"而后"象事"而后"形声"。

行——德——道……

如上，可以看到汉字形构的一个字族的路线图。

不过，这个字族在汉字中的优先地位，尚未经过反思。

在我目前看来，这三个字的踪迹，有汉语思维的基本特征。如能找到充足的证据证明这个路线图成立，汉语人或许能相对客观地理解自己的基本观念。

721

文字，不管是表音文字还是表意文字，都是对不在场的书写。

所有文字，都是对曾经在场的追忆和重构；也是对不在场之可能在场的呼唤；同时文字本身倒一直在当下，不管追忆也好，呼唤也好，书写是当下的。

或许在这种态度的基础上，我们才能认真地讨论文字学。

德里达对在场的形上学的解构，多半是看到了文字的这种不在场的特征。

不过，在场在西方可能一直是形上学；而不在场，在东方，也可能一直是形上学。

这样说似很费解，但笔者还是有一些体会的。

比如在中国，对个人，在古代，圣人有言，人皆可以为尧舜；在现代，可以为了实现未来之目标而牺牲当下。古人之劝人为尧舜，那是因为在当时的那个当下，大多数人都不可能是尧舜；而在当代我们为了实现……什么而奉献出当下，也不过只是证明了目标的不在场，有待呼唤。这，当然也可以称为不在场的形上学。

因之，不管是在场的还是不在场的形上学，都是需要警惕的。

而文字因其自身的规定，它必须是要在当下书写的，这种现实性必须依赖于手，因手的出场和操持，文字从而能得其中。

书写，同时挽留了曾经的在场和呼唤了可能的在场。在这层意义上，或许才能理解海德格尔的语言言说的本义。

海德格尔肯定不是否定人之能说和某个当下的在说，他的意思或许是，语言作为语言把它那能说的什么，在当下交还给在场的人。因为，在场的人，只要开口，就只能说到语言里去，除此，人别无他物可说。也就是说，是语言在极限处，允诺人那在当下的说话，语言在那个当下，可以被人选取，被挑选，然后又返回，退到语言之能表达的最安静的极限处，亦即界限。所以海德格尔说语言是存在的家。这个家，就是当下的人之能说的最终的归宿。

说和写，都是在场的。

但汉字多少有些特殊。汉字不仅挽留了刚刚消失的逝去，呼唤了可能出场的未来，而且，汉字带入了历史，那更长久的黑暗之物——更久远的消逝的在场的痕迹。

722

孔乙己说过，你知道"回"字有四种写法吗？

的确，能提出这种问题的情况，多半只能发生在汉字之中。

汉字一字多写的现象，不仅在甲骨之中常见，在隶楷之中一样常见。这很有趣。

另外，也只有对汉字的书写，才成为一种独特的美学和艺术传统。这更有趣。

汉字的这种特点，似允诺了一种精神：即游戏和美的精神。它允诺人在特定的情境之中，因当时的情绪和心情，突然改变对一个字的写法，甚或只专注于如何写一个字或一些字，只专注于这些字形的意味，而不是它的意义或实用的目的。我认为汉字的这种允诺，是对人的自由的精神的允诺。

不少汉字有替补。一个"回"字，有四个队员。这种现象可以称为字队。

在汉字形成和演化的历史之中，可以看到不少新字，就是通过装饰性的笔画产生出来的，如本与末之类的指事字和羡余字，而不少异体字之能一直存在且屡被文人使用，多少体现了书写者的习惯或个性特征。看来，汉字是最不专制的一种文字了。

723

在 2007 年和夏宏的一次对谈中，我说我对人的活动感兴趣，把人的活动记录下来，就是文。实际上，我表达的是对"人文"的理解，也是对汉字的理解。

汉字象形，初为象物，山川万物取象之余，多有不足，于是乃取人象。人象不过是手，是口，是足迹，是姿态……这取象于人的部分，在我的眼中，就是人文。

人文二字，在现在已很抽象，俨然高居殿堂之上，在汉字中，不过来源于人的活动而已。

724

徐青藤喜欢画葡萄。按明人风雅，画后还要题诗。徐渭老后，画过不少葡萄；题的诗，也是重复的——半生落魄已成翁，独立书斋啸晚风。笔底明珠无处卖，闲抛闲掷野藤中。

青藤的葡萄画得晶莹饱满，很亮，如珠如泪；诗有些老气，但立得很稳，没有外逸乞怜状；书法纵横捭阖，有近似疯狂线条的狂草，把字扯得几不可辨，书品当比张旭过之，可以称为典型的诗书画三绝了。

笔底明珠无处卖，闲抛闲掷野藤中——此话当可作幽愤之言，也或可当作游于艺之语。

如果不是闲抛闲弃，也不是徐青藤了。

但那葡萄毕竟如明珠，也如泪滴，闪烁的是艺术在俗世中独有的光亮。

725

许慎解释羊字时说：羊，祥也。

这种解释，不免让人一笑。不过，许慎这种解释，也说明人之不能免俗，在某一时代流行的知识面前，很多人无法规避时尚。汉儒有一种特殊的敏感，如郑玄解毛诗，简单的一件事，搞得人不明所以。

不过，有如解释仁为二人也，汉字的构形，可能在某种程度上纵容了这种思维方式，虽不真确，但也有趣。

细想，这种思想的方式，也有让人认真对待的地方。

有关某些东西，并无确知可言，特别是有关终极意义上的事情。有时，能提供一种差相仿佛的回答，也不妨为一种解决方法。

这，或可称为汉字中蕴蓄的某种悬置的智慧。

726

许慎在解释"苟"字时，提供了一条很有意思的线索。他说，苟，自急敕也。从羊省，从包省。从口，口犹慎言也。从羊，羊与义、善、美同意。凡苟之属皆从苟。古文苟字，字形为上羊下句。

也就是说，许慎从字源的角度，确认祥（羊）、义、善、美四字同义。

这很重要。这几个字，关涉到中华文化的基本价值观，它们如此这般的发生和形成的过程，有利于我们理解自身和所处的文化。

727

"上"、"下"二字，在甲骨中，都是在地平线上加点，上面是"上"，下面是"下"。

另外，"一"就是地平线。

一、上、下，开放了人活动的境域。这也可以理解，为什么我们至今还在使用古文字中没有丝毫遗失的语义。上面、下面；上级、下级；上手、下手……组词无尽。

或许基本的尺度，在造字之时已然确立。一，就是尺度，也就是说，大地即是尺度。上、下，不过是由一而生的规定。

728

大地如是尺度，则在场具有优先地位。

当然这是指的人的缘在而言。人因其在大地之中在，人站在大地上，给出了上下，同时也呈现了立场，即蕴含了大地这个尺度。

在上者，是天空或黑暗。在下者，是深渊或黑暗。上下皆被黑暗包围。

这可以理解为人的缘在的命运。估计海德格尔是在这个意义上言说天地人神的。

另外，这或许也从另一方面体现了德里达所反对的在场的形上学或声音中心主义。不过，在汉语语境中，在场，是难的，那隐秘的可能在的不在，倒是容易的。之所以有学者把此在译为亲在，可能是体验到了这在场的亲。所谓画鬼易，画人难。鬼之易画，是因为鬼是那可能在的不在，没有任何经验可言；而人之难画，是一颦一笑转瞬即逝，难以毕肖传神，在人呈现的诸多细节之中，难以提炼形神。

还有，在场是当下给予的，是现在进行着的，是一种直接的相遇。当然人也可以在当下思接千载心游万仞，但他是在这里思接千载心游万仞的。

这是因为大地的缘故。是大地，规定了这个人在这里。

729

汉字中凡带厂旁的字，都和悬崖有关。

厂，指的就是道路的断裂，和悬崖的出现。

那是作为大地的一的折断。

730

俞平伯在评沈复的《浮生六记》时说：可注意的，他是个习幕经商的人，不是什么斯文举子。偶然写几句诗文，也无所存心，上不为名山之业，下不为富贵的敲门砖，意兴所到，便濡毫伸纸，不必装点，不知忌避。统观全书，无酸语，赘语，道学语，殆以此乎？

观平伯此语，当浮一大白。

731

有，像人手持肉之形。
因之，有，即是上手。

我们常说天下万有，那是指的存在的总称。天下万有，给出的是外在于人的世界，也是人生存的视域。但有不是单纯的有，如无人在其侧，有如无有。这样解释，有人类中心主义的倾向。但从文字发生的意义上看，如无人手的经验——持有，不能得出"有"字。也就是说，我们在说有的时候，人，已经先于有而进入了语言。

如此，有，是经验的结晶。无人在场，则无物存有。

后人不觉把人手略去，知其有而不知其所以有，因之或可说，凡未经上手之物，皆不存在。

知其有，是另一种经验，或者说是"虚的经验"，可以称为虚相。

人因其必死和繁衍的交替，生成人之历史。历史是人的曾经的有，现在的不存，也成了一种"虚的经验"。因历史而带来的文化传承，成了一种赠予，也是"虚的经验"。

后人被给定于这种传承之中，有时能坐享其成，懒于用手的。这也是为什么"有"字中的那只人手被逐渐遗忘的原因。

另外，《说文》把"有"解释为——不宜，有也。也很有意思。

不当有而有，谓之有。这像一种未曾预料的生成和多出。

732

无，在汉字一直不是和"有"相对的字。如无老子的言说，有无之间，倒如陌路。

就算有了老子的言说，后人对"无"，仍是不敏感的。可以说，在中文语境中，真正懂得"无"的，只有老子一人而已。

先秦典籍，"无"均写作今天简化字的"无"，秦小篆和隶变以后，无才作今之繁体無。此無倒是误托它字了。

无，就《说文》古字看，通亡，也就是逃逸的意思。

因之，或可说中文中对无的一般理解，只是有的逃逸和消失，先验的无有相生关系，只被老子最先说过，后人能理解老子原意的，也不是没有，只是太少了。

无和無，看来是最不被中国人关心的事情了。

733

有关老子的道。

第一，道是一个命名，是一次"字之"，使之有名字。（道可道，非常道。名可名，非常名；吾不知其名，字之曰道，强为之名曰大。）道本无名，也不知道应该称为什么，权名之，权字之为大，为道。

第二，道的规定是大，因为道就是大。故大道可组为一词，它们也是最近的两个字。道如何大，并不清楚，只能理解为要多大，有多大，是一种强为之。

第三，道不是无。因为道和无，是有差别的两个字，不可能同一。因之王弼的"本无"，或不当。

第四，道的规定不仅有大和冲，并且视、听皆不大清楚。（惚兮恍兮，其中有象；恍兮惚兮，其中有物；窈兮冥兮，其中有精，其精甚真，其中有信。）因之，道大，恍惚有物有象有精。只是恍惚有，不是一眼而明的有。视之而不见，听之而不闻，持之而不有。

第五，道能生成。道生一。一，是清楚的。

第六，万物和道，没有明显的关系。万物只和三有关。道只生一。一和道，才有关系。道和万物隔了三层。所以，万物负阴而抱阳，冲气以为和，是由三规定的。

第七，道隐，永远只是恍惚着，不出场。出场者为一，不是道。

734

《老子》五千言，原不是很清楚的，它只是说的一种简约的大致的意思，后世学者如果想说得清楚，就注定越发说不清楚的。有如道的恍惚，它也是恍惚的。老子的思想，本也是一种留有余味的思想，如无这余味，老子的思想，要残缺大半。

735

肖萐父老先生不日前去世，终年八十四岁。因为不是亲故，我倒没有多少悲痛的感觉。另外，我甚至觉得能有肖老先生这样的死，以后定是难得一见了。如何去死，我认为是弥足珍贵的经验，也是无法替代的可选择的价值。我觉得先生的死，是美的，堪比维特根斯坦的死，但先生更享寿年。

据闻肖老先生弥留之际，停止了呼吸，也停止了心跳，一脸安详。武汉大学中南医院的医生诊断为呼吸衰竭和心力衰竭。

我认为这死是非常契合先生的：心不跳，无呼吸；既已无心无气，自当离开这寄居的身体了。

但老先生曾寄居的这身体，是奇美的。

说来惭愧，其实我只见过先生一次，是在他给本科生开的《文化学和文化哲学》的选修课上。时间记不清是 1989 年还是 1990 年。他也只讲了第一节课，余下的课，由郭齐勇和李维武两先生轮流讲。那节课的地点在当时的桂五上面的电教楼。先生那时已满头银发，但脸色红润，面带微笑，目光慈和，一见即有如遇春风之感。先生讲话也是自然如流水，行行止止，让课堂下的我如饮甘霖，如沐清泉。也就是那一节课，先生让我知道"观乎天文，以察时变；观乎人文，以化成天下"，知道梁漱溟先生说的"文化就是一种生活的样式"，还知道中国文化的现代化之道路，要从中华本土的现代性萌芽中去寻找。

一课下来，先生形象，即至不忘，音容时时可以清晰地回忆起来。

至今，已时隔近 20 年，但现在再想起来，也几如当初在课堂上的感觉。由此，可知先生的生命，所呈现给我这样一个普通学生的美感。

在武汉大学，先生编著的《中国哲学史》，是当时很多学生的床头书。我本有一套，但毕业后因带到老家看，掉了一本下册，后来在 1996 年左右，碰到一个在做广告生意的同学，要搬家到北京，他在武汉的家中的书架上，就有一套，我不由分说，就从书架上把这套书取下来，据为己有了。同学就笑。或许这套书，就是我们当时那些学生共同的或总可以共享的东西，像一种底色。

再后来是在 2005 年，在一家广告公司的公关贺年礼品中，看到一本装帧精美的线装包锦彩印的仿古本礼品，上面印有先生及夫人在民国期间所作的诗画，内容好像是登峨眉山的，心中又是一动：原来先生的旧诗写得这么好，还有一位妙手丹青的夫人。不觉就想起傅山、侯方域、孔尚任、冒辟疆和沈复这些明清之际的文士来。

当然，先生是学宗船山先生的。因我个人的嗜好，也就这么胡乱联想了。

不过，也因此一节，武大哲学院的讣告中说——肖萐父先生还是当代中国哲学史界少有的诗人哲学家。他晚年一再强调中国哲学的诗性特质，执着地探索 Logic（逻辑）与 Lyric（情感）的统一，并认定这一特质使得中国哲学既避免了宗教的迷狂，也避免了科学实证的狭隘，体现出理性与感性双峰并峙的精神风貌。他自叙以诗歌升华人生、歌哭由我的超迈："书生自有逍遥处，苦乐忧愁尽化诗。"

因之，我觉得先生在世之日，这寄居的身体，的确是奇美的。这是一种活出了生命之美的身体。先生的思想，我了解有限，但先生人虽没而著述存，我相信是可化人无数的。这些著述，是先生的身体曾经在世的延伸。

在我个人，还是最尊敬先生的死：因生命之种种经验——困顿也好，悲苦也好，得意也好——但最终能自然停止呼吸，停止心跳，安然脱去形骸，这一脱，让人遐想无限。

736

看来，任何一种死，都是生，活出来的。

737

我知道有两种意义：一种是给予的意义，一种是抵抗的意义。

给予，是难的，它需要更多关怀。抵抗，是容易的，它拥有轻蔑。

但给予变成恩赐的时候，会变成彻头彻尾的伪善。

而抵抗在没有对象的时候，会变得虚无可怜。

最少，我看到抵抗中有黑格尔的奴隶式的道德；而给予又太容易获得乡愿式的道德优越。

我想这可能是因为，给予和抵抗，都是一种投入，有如把……投入……他者。

这个他者，可能是任何人。

事实可能是，此对待他者的方式是今天给予，明天抵抗。

这是因为人的偶在属性呈现的悖谬：自我，和自我的他者，是随时可替换的。

因之，任何时候，最大的敌人，不过是——我。

738

我畏惧太过主流的人，他们可以用善的名义剥夺你。

我也畏惧太过非主流的人，他们可以不用任何名义剥夺你。

由此看来，我是个怕人的人。其实，我能有什么被剥夺呢？想想实在太少。我畏得没有道理。

我这畏，既不是海德格尔的畏于常人或弗洛伊德的畏于超我，也不是古已有之的君子之畏：畏天命、畏大人、畏圣人之言。倒有点像小人之畏了。

畏，在甲骨中是鬼执杖而击的姿态。这是畏的本义——惧怕暴力和不可知。这畏，或许才是本然的畏。

常人、超我、天命、大人、圣人之言，都是已知的或知其有的。如此看来，畏于已知或知其有，或许已是颠倒的畏了。

不过，畏于已知，也是因为这畏已经被证明大多会带来可能的暴力或不利的结果，故而当畏。

畏于不可知，可能才是极致的。

至于敬畏，似可不必。这心态如鲁迅所言，安心做了奴隶。敬畏或可帮助做稳奴隶。

739

不过，剥夺在社会中似不可避免。

估计鲁迅先生正是在这层意思上，故可在仁义道德的字缝里看出"吃人"的被遮蔽。而杨朱，或许也是在这层意思上，有"不拔一毛以利天下"的愤急之辞。

740

阿伦特说，理论的责任在于照亮黑暗，尤其是被寻常的光亮照亮的事物背后的黑暗。

歌德说过，理论是灰色的，生命之树常青。

这样的句子非常多。

说理的时候，视觉出场最多。

或许我们还要理论担当更多的任务，在说理的时候，不仅视觉经常出场，而且其他的感觉如听觉、触觉也要多多出场。

741

猛烈批判自己所属的传统文化，多半如儿子怨恨没有碰到一个好老子，因而不能得到诸多便利，实际不过只映照出自己的无能和不争气。

而过于固守传统文化，则又如阿Q所言，我祖上比你阔多了。虽说阔是阔过，实际也只是映照出自己的落魄和无能。

责任在哪里？能承担责任的，仍然只是现在的，其实也一直只是现在的。

742

道、德、仁、知、美……这些有关中华文化核心价值的关键词，先秦诸子多少都有所谈及。

从文字学的眼光看，是这些汉字，在规定诸子的思想，是其所思，只是路径不一，侧重各异。

另外或许还可以说，是文字构成了思想的公共空间，为大家运思的对象。

因之也或可以说，是文字，使汉语思想有了统一性。

743

在日常中，随口说说因为、所以等等一些话（因果判断），在汉语语境中，并不是逻辑推导而出的，或说这得出的结论未必经得住推敲。我们说因为、所以，其实只是在那语境中表达自己的立场或判断罢了。

其实，这是汉字本身允诺了的，或者说，是被汉字给定的说话和写文章的方式。

在古代汉语，这种表达式一般为：……，故（是以），……。如：不自是，故彰。前识者，道之华而愚之始。是以，大丈夫处其厚，不居其薄，处其实，不居其华。

在现代汉语中，这表达式一般是：……，因此，我认为是错的。或者：……，所以，必须得这样做。

因为不说故或是以了，所以，我们现在说因为、所以。

但由于表达式并没有变，只不过是换了新词，仍然还是汉语原有的思想方法。

虽说在说罢因为、所以之后，那判断的真假大可怀疑，但这因为所以还是当下的表达的方式，仍然是活泼的，不要求全体的。

也就是说，在汉语中，大多数场合下的因为、所以，都是局限的，不升华到那大全的一的，不是现代语言学的。

744

苏子瞻喜以书论诗。如：予尝论书，以谓钟王之迹，萧散简远，妙在笔画之外。至唐颜柳，始集古今笔法而尽发之，极书之变，天下翕然以为宗师。而钟王之法益微。至于诗亦然。

诗书并论，或许本就是差相仿佛、可以比照的。

以我的取向，或倾向于三分之二的徐渭，少一点嗟怨气，只抒发情感性灵，于不衫不履中见真，再倾向于二分之一的傅山，粗头乱服但不故作丑怪。

745

据说列维·布留尔受《史记》的启发，写下了名著《原始思维》。

我猜想，可能是《史记》文章中的因果链不抽象的原因——因果只是具体实事，没有抽象出来的纯形式；另外，汉字也是一个因素。中国史官，有文忠于事的传统，甚至文史可和王权相抗衡。或许，文字，本就一直被视为具有超越世俗的权利。

由此比照，似可找到一条线索，即文字在中国古代社会中的功能的线索。

也就是，为什么字在中国古代社会中可以评判世俗生活？史官在记叙之余，为什么有特权以另一种游离于世俗的口吻说话？史官的记叙——也就是书写，似有另一种权力。

民间敬惜字纸的风俗，多少不是无因。中国的确从来不是一个纯然的宗教社会，但中国世俗社会总有后门通向鬼神。这很奇特。

在中国的绝地天通之前，似乎是人人都可以获得与鬼神交流的机会的；之后，可能被巫史垄断。也就是，史从巫来，从神鬼而来，可能那个后门，就在这里，并且一直没有封死。

或许由此可以发现，汉字接近鬼神；最少一直和鬼神有交往，甚至也有鬼神的意志。

鬼神一般可理解为超越世俗的力量和规定，不可违背，只能服从，并且果报正是鬼神力量的体现。

746

语言如大地山川，文本有如建筑。

有一种创新和发展语言文字的观念，把当下所使用的语言当作直接被给定的，如建筑工地的地平之被给定的，然后建筑之，有的是地基也不用打的。

不过，通晓建筑的设计师都知道，在建筑之前，是先要看地下之地质的，是筑基还是浇注，便可得到选择。

现代汉语，看来筑基多半是保不住的，或许只能浇注。

不管是在语言的创新上想做通天之塔也好，做摩天大厦也罢，先叩问一下基础，或许更有用一些。

我多少有点杞人忧天，担心如马和驴交而生骡，骡是个好劳力，但也就到此为止了。

747

不看到别人一脸真理在握的样子，不知道真理之俗。

748

福柯说过，可视性是个陷阱。

此话引人深思。可能通过海德格尔，福柯要表达的是：思想向无思想说话，并以无思想来表明自己。

而在海德格尔这一方，感觉是光向周边的黑暗说话，并以黑暗来表明自己。

749

加缪说过，真正的哲学问题可能只有一个：人为什么不自杀？

从另一角度，尼采的问题好像更有原初性，即：人如何成为自己？

细想，尼采的问题似包含了加缪的问题。

或许，只有尼采以后，西方的人，才成了一个真实的问题。

由此，或许才有利奥塔等人的"非人"之说。如他说：我们当代人只需回顾一下，人的本义就是人本义的缺席，就是其虚无，或者是其超验性。

非人，可能才是西方思想的基本特点。

750

而人，说起来是最具体的、一个个不可替代的个体，但人任何时候又是无比抽象和不可解的。

因之，也可以理解为，人，一直就是非人的。

另外，在不同的文化中，对人的规定和理解也是大不相同的，如轮回投胎说、天堂人间说……等等。

好在古汉字还有踪迹。古汉字之所以能成为全人类的遗产，即在于这些遗迹，而不是后来经由理性积累而成的句法和一般表达式。

古汉字保留了最多的人的活动，也就是人的文（人文）以及人的内心：对自然、人、神的理解；并且是前逻辑的理解。

751

尼采是无法超越的。

按我的理解，尼采在资本主义获得胜利后，给人提出了一个根本的问题，即"人怎样成为自己"。这个问题在古希腊时代的表达式是：认识你自己；在理性启蒙之初的表达式是"人是什么"（康德）。

按照尼采，这个怎样成为自己的人（我们的肉体不过是一个社会结构），将会变得更善和更恶。变得更善很好理解。按照我们一般的进步论或发展观，人理应变得更善。但为什么人会变得更恶？我想这恰是尼采深刻的地方。上帝死了以后，善恶就是人的本义。

这个人面对的是什么环境呢？尼采说道："一旦我们拥有了全球性的经济管理（这很快就要不可避免地发生了），人类就会发现它彻头彻尾地成为一架为这种经济服务的机器，那就是一部巨大无比的发条装置，由无数极其微不足道的、极其精细的'被改造过了的'齿轮所组成。"

中国儒家的个人，可以在尼采的肉体的"社会结构"的层面上被理解。庄子的个人，才终于开辟了一个逃逸和超越性的后门。

而这个尼采的肉体的"社会结构"，也必将变成极其微不足道、极其精细的"被改造过了的"齿轮。

这些齿轮，全球化了。

因而可以接着尼采的问题问：人怎样成为自己？

752

如何接受别人的善意？或如何行善？

为什么人有时候在接受善意的时候会受到羞耻的煎熬？

为什么有人在行善时获得无比优越的快感？

接着，为什么还有人指斥接受了善意的人为何不感恩？

再接着，为什么一个地方政府公然规定行走在路边的穷孩子要对经过的汽车行礼？

善，往前走一步，就变成了恶。也就是说，善本身即允诺了恶，反之亦然。

可见善恶，只可能是相对的。所谓善，善不善也；恶，恶不恶也。

善，容易滑入伪善；恶，也容易走向伪恶。

那么尺度呢？

或许尺度如马克思揭示的价值规律，价格浮动，善恶亦浮动。

753

爱或可如下表述：

既找到了他者，也确认了自我。

只是，这爱显得太方便了，有如禅家的方便法门，一搭两便的。

而所谓爱，很难说有这样方便的。

因之，在通常所谓的爱中，必须警惕。

投身于自我确认的爱，自无不妥。只是问题就在于，如果这样接近了所爱，可能就是爱的自杀。

爱一般可以经由否定，确认自我。

但对爱的肯定，可能正是迷途。

爱中有真理，也一定会体现真理。

但对爱的认识，只会有更多的谬误。

同样，能被体验的爱，也必须在否定和肯定之后，才可能出现真切被体验的机会。

这种观念，或可用青原思禅师的参禅三境界来说明：从看山是山，到看山不是山，到看山还是山。所谓爱，或作如是观。因而，这是一种观念，不是理念。理念，在乎一个理字，如柏拉图和黑格尔的理，或朱子的理，理是不动的，理在任何时候都是那样子的。而观，必是要加入感性的内容和活动的，有一个人的活动的光晕，或心动的感觉，有变化和凉热。这样的念，才能在具体的生存中牵动得起吧。

另外，对于不是基督徒的人来说，爱基督是不可能的，我既不知基督为何者，如何爱得上他？

爱，必通过所爱体现；或说，无所爱，即无爱。

至于如何爱，也并无定规，人的感性生命天机自动，有如动物发情，是生命自身的规定。

同样，有爱的可能，也就有憎的可能，爱憎皆发自天机，然而都需要审慎。

754

对所谓人性的思考，人的动物性是第一位的，没有对人的动物性的充分思考，有关人性的思考是无根的。另外，通常所谓人的自然性和社会性的区分多半是一种偏见，社会性是内在于人的自然性之中的。社会性作为人的种群的社会性，与别的动物种群的社会性并无区别。

人与动物的区别，主要表现在文字和话语对知识和技艺的记录与传承，并经由在当下的人群的实践和创化而不断积累演化。这或可表达为：人的人文化的活动是人性区别于自身的动物性的另一部分；人在维持身体的存活之余，还要思考、书写、发明、制作、协同、争斗、传承……进而形成今天多元迥异的文明形式。这就是人性中的文化性。

当然，人的文化性或人文性只是碰巧如此而已，是好是坏，还得追问。

755

期待如水透明，也冷暖如水，并且像水一样不可捉摸。

756

通过汉字，我们发现，人的两个基本的东西，言和行，生成了两个最具汉语特征的范畴，也就是诗和道。有关诗，无疑是中国艺术最早被言说，也是言说得最多、文本实践最多的文学体裁；而道，自从被老子从语言中提取出来之后，就一直是中国思想最高的范畴，哪怕在儒学占统治地位之后。宋以后，代表中国气质的思想家或形上学家，在中国是一直被称为道学或理学的。

由此我们发现了言行和诗道的关系，这是汉语文化中的核心秘密之一。

诗学，代表了审美和自由的一极；道学，代表了真理和归属的一极。这两极，是一种文化对有死有生并生生不息的每一个体的人生的允诺。

757

人的所作所为，都不过为了表明这样一个目的：人不是畜生。

不过，迄今为止的人的所作所为表明的，仍然不过这样一个事实：人是很高级的畜生。

以上，或许就是人的命运。

所以尼采说——

人类是一根系在兽与超人间的软索——一根悬在深谷上的软索。

往彼端去是危险的，停在半途是危险的，向后瞻望也是危险的，战栗或不前进，都是危险的。

人类之伟大处，正在它是一座桥而不是一个目的。人类之可爱处，正在它是一个过程与一个没落。

758

最早接触到荷尔德林的那句诗——诗意地栖居——是在 1990 年，在彭富春先生译的《诗·语言·思》这本书中。以后，一般在记忆中，就把这句诗体会为：人诗意地栖居在大地上。后来还记得诗人南野出了一集子《纯粹与宁静》，序这本集子的某诗评家在文章中写道：海德格尔说，人诗意地栖居在大地上。读后不免一笑。不过，多年以后，对这句已成为陈词滥调的名句，也快忘得差不多了。数日前翻孙周兴先生译的《荷尔德林和诗的本质》，突然发现这句——充满劳绩，然而人诗意地／栖居在这片大地上——诗中，"这片"两个字在眼前闪光起来。现在想来，原来我一直缺乏体会的——就是这片。

现在或许明白，无这片，不得生动。

759

我思考的方式一般是只有首先，没有其次。
我坚持认为，那首先在感觉中呈现的，就是全部。

760

伽达默尔在其自传中说，他之所以去马堡学哲学，是因为弄不明白义和词的关系为何不同于义和符号的关系。

我也不止一天感到，不能单纯用符号学的方式来"看"中国古文字学，或依赖它来建立一套"看"古文字学的方法。这样的建筑术，在我看来是异常可疑的——有如给古文字学穿上了一套新时装，虽有新意，但只是一个短暂的感受，强调的是套服而不是血肉。

文字固然是符号，但文字还是最基本、最稳固和最特别的符号。

古文字呈现为象，但这个字象，经过了心的反复咀嚼，并有其自律性。正是自律性，使文字和符号有了区分，并使界域得以清晰。

761

有关古汉字，现在或许可以这样说——

刻画的锲痕就是人文在场的明证，而有意义的符号就是我们思想的原因。

762

现在想来，有关新诗，我也有个人的趣味。

直接说不好，打个比方。

比如，我不喜欢写得像啤酒一样的诗。这种诗口感好、颜色分明、泡沫很多，有时一口抽下几杯，还显得有量和豪气。但就像啤酒容易带来大肚子和前列腺炎一样，这种诗歌，有如海德格尔所反对的，是不断强调体验（或口感）的创新而导致的艺术的慢性自杀。相反，我比较喜欢像白酒一样的诗歌。这种诗没什么颜色，入口有时候也很不好，但够劲，并且越陈越好。当然，白酒也带来高血压和脂肪肝，不宜过量，但可坚持。

我的确喜欢白酒，放在杯中，却可以点燃，是另一种形式的火焰。

763

想象的限度，就是经验的限度。

764

诗歌对个人经验是什么态度？

以我之见，它需要的，便汲取；不需要的，便拒斥。

只是我们并不知道诗歌的需要，偶尔相契，即是幸事。

这是很让人苦恼的事情。

为什么个人经验有时是多余的？或者是根本无效的？

为什么我们能感觉到诗歌的尺度，却又经常送给它不需要的东西呢？

问题可能出现在，有时个人认为诗意盎然的东西，其实毫无诗意可言。

诗意之为诗意，就在于它的不能被规定。

这是感性的规定。

感性的规定，就在于它无可规定。

765

根据我个人的经验，也就是我个人的路线图所呈现给我的：是诗歌，然后是汉字，接着是思想……

但个人经验虽然真实，却有可能是最大的假象。

或许我一直拥有海德格尔的从此在一跃而进入存在之澄明的野心，但事实经常只是欲获得某一在场的明辨的审慎。

这审慎，如偶得之物，欲动而未动的感觉和行动，总是在欲走而未走的反复之中，并且总没有一步就走了出去。

766

假设尼采不为我们解释酒神，我们或许无法谈论审美。

我的感觉是，如果没有尼采的酒神的基础，谈论美，立刻就变成轻浮的和无品质的。

也就是，如无生命之力的穿透，和对虚象的否定，那有关审美的谈论不仅俗气，而且美会流走得不余一滴。

767

中国太大，我们很容易成为没有故乡的人。

每每总是这样，我们不厌其烦地向朋友介绍故乡，但朋友置若罔闻，只有很老很老的朋友，才清楚，你是哪里人。

我们自己清楚，我们把某个小县和县下的某个小乡镇，看得比什么都重，因为我们大部分的人都来自这些地方，但它们的空间位置，更多是在我们的一己之心中，而不是地图上。

哪怕是在省级地图上，我们也经常找不到自己的故乡。

这或许就是文化帝国的特征：我们都是来自五湖四海，因为共享一个文化帝国而走到一起来了。

这是个汉语（或者说文言、文字）的帝国，爱恨皆由之。

帝国文化，先就在文化的层面，对个体的故乡进行了一次遮蔽。

帝国太大，也消化不了太多的具体和细节。

768

我每每为机巧感到恶心。

我喜欢简单、简明。我喜欢一就是一，二就是二。

769

旧社会的穷人和受苦人，我们现在给了他们一个好听一点的称呼——底层。

其实"底层"和"阶级"，在物象的层面，并无分别，都是一物象，只不过由于比喻的不同和体验的不同罢了，"底层"听上去略略轻松一点，少了些过去时代（如"文革"时代）的纠缠。

其实，底层，在含义上更精确些；阶级，倒显得中性一点。在修辞的意义上，"阶级"比"底层"含蓄。

或许，我们可以解释底层为社会阶级中最低的一级，也就是社会金字塔底部被压迫的一级或基础的一极。

不是么？底层是受苦人，是被统治、受压迫和被剥削的人。

但不可否认的是，只要社会形态存在，社会底层或社会阶级，就一定存在。这是一客观事实。

我倒一直觉得，那些为底层代言的人，是异常可疑的人，那些对底层的诉求，更多是一种利益转换的要求，多是骗局。

底层的存在，任何时候都无法改变，能改变的，不过是由甲去底层，换成乙去底层，底层总是不变的。

因之，可以看出，任何解放底层的言说，都不过是骗局，要害不过在甲乙的具体利益而已。

另外，我倒一直觉得，底层的快乐，从另外一个角度看，是没有什么人重视的。或许我一直把底层的快乐作为一种至上的快乐，有如饿到极致，突然有了获得食物的满足和快乐。这有如朱元璋在饿极之后，喝到珍珠翡翠白玉汤的满足和快乐。这就是一底层快乐的例子，因为上升到了顶层，所以被表达了。

解放后，还有一个词：基层。领袖的儿子，也可以下基层。下基层，不用说是很有意味的。

这样，我可以比较一下这三个词语：阶级、基层、底层。

不用说这每一个词语上，都附带了相应的价值判断甚至政治理念和意识形态，但是，我也可以说，在这三个词语上，我们发现了一个社会回到常识的过程，即由造反青年回到保守中年的常识社会的无奈的结果。

也就是说，既然社会总归如此，造反和革命，总归无益。

另外，如果我们汲汲于比较甲乙的利益和得失，且社会终归总是如此的，这得失也是毫无意义的和毫无价值的，无非是体现了具体个体的嫉妒和怨恨。不用说嫉妒和怨恨会使社会更加衰败。这有如卢梭所揭示的，人生而平等，但具体社会中的甲和乙，不仅是不平等的，也都是在枷锁之中的。

社会革命，肯定不是把甲的财富让渡给乙，或者把乙解放出来，反过来把甲踩在脚下。

真正能够让我们在社会中进行思考的，倒可能是，如何可以让甲和乙是可以平等的而不是天然就不平等的。

770

有时候，是语调在引导我们说话，而不是思维。

语调里有态度或情感，这甚至是思维或说话的前提。

一个时时无语的人，一定是一个感觉不到自己语调的人。

771

康德是相信教育的，他认为教育能让人变成人；不过，也有人不相信教育，如福柯或利奥塔，他们认为教育乃是强制，有如禁闭。我们因为自身的传统，很容易赞成康德，如钱穆和牟宗三等先生所理解的那样，可以上证夫子之圣，下传华邦之教，还可以内圣外王，功用多多——学成了文武艺的人，可以如老杜所憧憬的——"致君尧舜上，再使风俗淳"。

或许赞成康德的人假设了教育是好的，或人能拥有的教育会是好的，只是，就我个人所经验到的教育而言，想想只有两个字：屈辱。那些在学校读书的日子真有些让人不堪回首，从一个孩子的角度，让人疑惑不解的是，为什么今天口是心非，明天指鹿为马，后天又出尔反尔呢？慢慢的，也就学会了表里不一，人格分裂。如此，我不会赞成康德，经验告诉我，教育也能让人变成非人。

或许我所受的教育，乃是一种坏的教育。可能的情况是：好的教育让人变成人，坏的教育让人变成非人。只是这样等于什么也没有说，好与坏本就是相对的，而且可以相互转化的，但教育，在社会中又是当然且必须存在的，甚至人与非人，也是认识不清或不能判断的。如此，才有可能导出福柯或利奥塔的观点，不管是好的还是坏的教育，只要是教育，都是强制。

不过，在中文语境中，哪怕就是强制，也是可以上证夫子之德的。

读过私塾的人如鲁迅先生，是见过先生打学生或作势欲打的样子的——不用说那是为了学生好。另外，在甲骨文中，教字的右边，就是一只手高举着鞭子或棍子，显示了强制的意思，这个字形，正好让我想起了老师的教鞭。

772

有一天偶然看到侄女的大学自修课本，封面上赫然是"法律常识和思想品德"之类的词语，先是一愣，继而失笑，把这二者设计为一门课，倒大可咀嚼。想来，所谓的思想品德，不过是为了免于可能的惩罚而已。我耳边像听到了老子的声音：上德不德，是以有德。下德不失德，是以无德。

773

如果不是资本的无处不在的催逼，我不会成为中国式的半个马克思主义者；或者说，现在，马克思主义，在我的思维中，占百分之五十的股份。

774

和解是一种美德。

775

我很不喜欢现代汉语的标点符号，原因是觉得标点太夸张，时时打不出手。

776

当我能感受到内在的宁静，我的心中就不会出现句子。

777

在我看来，现象学似也可以译为象学。

而象学，本就内在于中国思维方式之中，或曰是汉语思维的基本特征之一。

象学的确实性，不在单个的人，也不在单个的物，而在于人与物每一次直接的相遇或相对，从而生发诸多余响。

778

我不同意康德，我认为欲望本身即是美的。只是，这并不妨碍我认同叔本华，认为欲望是人生在世痛苦和烦恼的根源。人的苦乐忧欢，皆因欲望而起，这是人性的证明。另外，所谓美丑善恶，也无不因人而起，因人而异。这，在我看来，皆是出于人性的规定。

当然，这也并不妨碍我进一步认为，这些，都是人类中心主义的衍生物。

人类中心主义，说来自然正当，因为没有人能过上不属己的生活。

而非人类中心，是在人应当如何生活的层面，反思人应该如何过可能的属己的生活。

如果地球终将毁灭，太阳终将收起自己的光芒，这无异在说，人类也必将面临这迟早而来的死刑。

非人类中心，可能倒是一种欲推迟人类死刑宣判的努力。

779

不能触及，再华美也是无用。
但处处皆用，也处处不得解脱。

如此，或许还有华美的有用和无用的解脱。

780

古之学者为己，今之学者为人。诚哉斯言。

在我眼中，家国的兴亡，远小于个人的生死。

我之所以这样想，是因为，家国的地理边界有其相对的稳定性，但也有相对的变化不定，但个人的生，永远只是仅此一次的。因之，任何以家国的名义鼓励个人取舍的说法，都是没有依据的。

家国有地理的边界和文化的边界；个人有身体的边界和内心的边界，这边界是平等的，也是不可交换的。

781

国之将兴，其学也盛了吗？

我看未必。

这腔调，似更类似于阿Q的句式——我祖上比你阔多了。接下来，我国也马上比你们诸国都阔多了……

这与其说是国家的虚荣，不如说是国民的虚荣。

按我的尺度，与其看国，不如看民。

民国时有一幅好对联，讲民犹如此，国犹如此，帝制虽已推翻，国计民生倒是个烂摊子。

只要看看国民的生活质量，精神世界，性格气质，文化修养……结论，仍不过民犹如此罢。

最少，按现在的样子，国之将兴，其学未必盛。另外，其学纵盛，国也未必兴。

国之作为共同体，只是个方便一点的托词，一个个具体的民，或许才是最值得倾注的。

782

不回到个体，个人无处出发。

我们的成长经验，早已充分向我们证实，大众的飞蛾扑火般的生活和在意识形态诱使下的傀儡般的命运，在当下仍是悬在我们头上的魅影，需要警惕。

虽说回到个体，个人也可能无处出发，或不知道向何处出发，但这个起点，是先天被给定的，经此才得个我。

783

在我个人，生命和汉字，是我的起点。

784

生命不用说了，它是我们都可以直观到的自我之生或某个具体的活物。生命因其活，是不可能被抽象的。

我们在观念中把握的任何东西，都是我们用具体的生命在把握。

因之，在观念中，生命的概念不能和生命相等。也就是说，任何抽象概念，都是要用具体的生命来点燃的。

另外，汉字可以说成是照亮了我们所有可能的生命体验的图像，是生命的纯粹形式或生命留下的灰烬。

汉字作为在场的明证，是因其形式中的空间感，作为一种先验的形式存在着，并且能被后来者的生命活动激活。汉字的语义和别的语言一样，是相对固定的，可以被言说和用来表达的，但汉字多出了空间，这空间又恰好被后来者的时间所不断体验和升华。

785

我们已经彻底告别革命，接着，我们还要彻底告别启蒙。

786

我不仅羡慕博尔赫斯的文学成就，更佩服作为翻译家的他——从不转译。

转译如耳食。坚持文本第一次出现的样式，乃是对语言的虔敬与珍惜。

787

所谓的文明优越感，是异质文明间平等交流和对话的最大障碍。

华夏文明的优越感，历史上表现在以夏变夷，因之，当近代遭遇以夷变夏的数千年未有之变局，就特别不适起来；当今稍有改观，又不觉生出很多呓语，开始做抚化万邦的美梦。

当然，洋人也是无比有优越感的，记得以前看电影，洋人说得比较多的是：我们是文明人；这无疑在说：你们是野蛮人。洋人把自己的东西看成普世的，可以在全球的范围内推广的；过去如此，现在仍然如此。

从"夷夏之辨"到"文明与野蛮之辨"，诸神之争从未平息，有如媒体在悼念亨廷顿逝世发的新闻标题：亨廷顿死了，文明在继续冲突。

优越感是价值取向产生的，但价值又是最可疑的，人类繁衍到现在，科技再发达，但不自见若是，不知己之所是乃彼之所非，己之所恶乃人之所喜，自苦苦人，折腾不休，何苦呢？

大到文明，小到个人，那一点优越感如萤火之光、残烛之明，却无论如何也放它不下，如此，人之执迷不悟也何苦乃尔！

788

本土，地方，一直是我的关键词之一。

任何东西，必须本土化、地方化，才是有效的。

比如说，真理如果成其为真理，一定是本土的和地方的。

天地间尚未被发现的真理多矣，它们时刻存在，但因为不能被纳入本土和地方的生活世界，就相当于是不存在的；但真理一定是最先被某一地方的人发现和运用并逐步推广的，然后才能被普遍共享的。

对本土和地方而言，单纯可以引进的，最明显的是技术；隐性可以引进的，如生活方式或文化价值。虽说在某些历史时期，人生也是可以引进的，但还有一个适身和适口的与日常相契的问题。这也说明，哪怕就是本土和地方，重新洗牌的可能性，也是存在的。

有不少人目睹过改天换地和天翻地覆，这可以说是有幸，也可以说是不幸，因为对一个个具体的个人而言，他一定是本土的或地方的，并体现为不同个体的迥然不同的命运。

789

还有传统问题。

传统到底是个什么东西？

在我看来，传统不过是我们当下最日常的方式。

790

按照吉尔兹的理论，本土、地方、汉字……使我们成为此文化的内部持有者。

791

虽说如此，任何文化持有者并不能划定生活的边界。

人生天地间，真正的边界，只是自然。

自然的真，任何时候都是人的极限和人不可僭越的真确。

因之，道法自然，人才可能得和谐；文化也或许能避免一己之私或可怜的优越感，能省察自身作为局限的存在。

792

"道"字之所以具有形上学的优先地位，首先是因为这个字在先秦获得了一种社会共识。

我们可以在竹书找到这个字，如睡虎地秦简中的《为吏之道》，或郭店简中的《唐虞之道》等等，此道，已经有途径、规则和规律的意思，虽说是在社会之用或方法的层面，但已经呈现为普遍的对规则或方式、方法的认同（可资比较的是睡虎地秦简中的《封诊式》，式指的法式、样式；道高一级，但相对模糊）。接着我们也可以在传世的先秦典籍中找到这个字，如《论语》《荀子》等等，特别是在《老子》中，此道，已经是抽象的普遍的规律性的道了。因之，汉儒注《易》就有基础说出——形而上者谓之道；可谓水到渠成。

也就是说，在汉字演进的历程中，道之能被抽象本身，也是历史地形成的，并被普遍认同的。这也是宋明理学兴盛以后，大家仍然不放弃"道学"这一称呼的原因。

因之也可以说，道学，是纯正的中国形上学。

793

从古文字学上看，告子的"生之谓性"有足够的证据。孔子言性，与习相对，和告子区别很小，和孟子荀子的区别倒大。因之，性，只可以视为思孟学派的核心概念。

794

自普罗泰戈拉说出"人是万物的尺度"，到康德的"人为自然立法"，人本思想一脉相承。

自孟子的"吾善养吾浩然之气"，到张横渠的"为天地立心"，再到陆象山的"不识一字，也要做一个堂堂正正的人"，道德精英的思想也是一脉相承。

这些思想，无疑彰显了人的伟大，但是，也滋长了人性的狂妄和偏见。

而考诸历史，人为自己立法，也是件很难的事情。或许只能说，人能勉强为自己立法。

至于人作为尺度，或为自然立法，不是痴语，即是诳语。

795

对我来说，"文革"中那些印有毛主席语录的报纸，也是我分外珍视的。

我喜欢文革时代铅字和油墨的紧密合作，还有很多像毛主席语录的现代汉语句式。

我分外看重的一点是，这里有汉语语式的新的可能性。

796

读到余世存先生的一段话，颇为痛切，录如下：

人们曾高度评价八十年代文化启蒙的意义，这一阶段却无能与新文化运动前后的我国历史相比。从曾国藩到章太炎，从蔡元培到梁漱溟，从陈独秀到胡适鲁迅，这些历史人物心诚于物，有比较有真好恶，有着平等而放眼天下的心态，是不计利害得失而推动历史车轮的巨人，而八十年代的启蒙作家们却多少是无文明家教的类人孩，他们再无先辈那种蹈海就死、身心殉道的人格光辉和思想创造。与清末民初相比，当代的汉语作家再无择优而取的富家子心态，他们少了从容，更多峻急，他们少了自尊，更多自卑。他们失去了以自家语记录或考量西人思想的自信，而直接引进大师。这种引进成为一种实在的试错过程。二十多年来，从萨特、弗洛伊德、维纳、索尔仁尼琴到福柯、德里达、哈贝马斯、罗尔斯、施特劳斯，等等，几乎年年引进，而年年终觉不切于中国。同时，与清末民初相比，当代的汉语作家对观念更为尊奉，对民众则生距离，他们在观念导入的知识活动里以为职尽了对中国的责任。

无文明家教的类人孩——此说倒让人心里一酸。

797

对人来说，食，是绝对的，而如何食，是相对的；色，是绝对的，而如何色，是相对的。

食色，可以称为文化普遍主义，而如何食色，可以称为文化相对主义。

如此，可以明了的是，有关绝对或普遍，不过是一基础，强调也没有用，不强调也不会有什么改变，而如何相对，如今日如何食，明日食何物，才时时关乎日用，倒是需要强调的，这里有如何适口适身的问题。

另外，强调普遍或绝对，倒容易生出麻烦或产生暴力，比如只能这样食，或不能那样色，一旦陷入此境，多元和个性，多半就荡然无存了，比如"文革蓝"的大一统，不啻是最近的例子。

798

前面提到，性，是思孟学派的核心概念之一。

这，无疑是现代汉语的表达式。

依此表达式，还可以说这是思孟学派的基本范畴，那个充沛的道德主体与挑不上筷子的禽兽之间的大藩篱。

只是这样表达是令人沮丧的。

因为这并不是我想要的句式。我最喜欢的，是庄子的表达。

庄子的表达，是那种熔铸万有于一炉的表达。

799

我非常感兴趣的是，在郭店简中，身与心，可以写成一个字，写法为上身下心。也可以看作是心在身体之内。

如果要我推选最美的汉字，我一定会首选这个字。

我觉得先民是伟大的。他们的知识，让他们把身心写在了一起。

这个字的写法，已经让我有了一点羞惭了。

学者释此字为：仁。

在《说文》列举的古字中，仁，有写为上千下心的，形构相近。

《诗经》中有"洵美且仁"的诗句。美和仁，的确应该就是这么近的。

而仁的意思，应当是既看得到身，也看得到心吧？

800

汉字简化以后，最让我看不惯的，恰是这个"汉"字。

如果是在甲骨中，左边为水，右边为手，那意思是以手握水，有如水中捞月，估计没有谁会这样造字。

《书·禹贡》：嶓冢导漾，东流为汉。可见，这个字是有地方的，有源流的，看得清楚来历的。因之，《说文》解释为：汉，漾也。东为沧浪水。另外，这个字还对应着星空，如迢迢河汉。这星空，也一定是在这一块土地上经常可以看到的。

和"汉"字相关的字，如难，在意义上也有接近的地方。难，本就是指的鸟。不用说，汉水边是鸟的王国，如果不是，楚国不可能出现凤凰——这众鸟之王。

如果不简化，这些尘封的信息就都还保留着，并随时能引发联想，可资发现，但简化以后，无疑，这个汉字就已经死了。

图书在版编目（ＣＩＰ）数据

老拍的言说 / 黄斌著.-- 武汉：长江文艺出版社，
2016.11
（诗想者书系）
ISBN 978-7-5354-9028-5

Ⅰ．①老… Ⅱ．①黄… Ⅲ．①随笔－作品集－中国－
当代 Ⅳ．①I267.1

中国版本图书馆 CIP 数据核字(2016)第 219678 号

责任编辑：沉　河
封面题字：黄　斌　　　　　　　责任校对：陈　琪
封面设计：江逸思　　　　　　　责任印制：左　怡　　胡丽平

出版：长江出版传媒　长江文艺出版社
地址：武汉市雄楚大街 268 号　　　邮编：430070
发行：长江文艺出版社
电话：027—87679360
http://www.cjlap.com
印刷：首壹印务有限公司

开本：880 毫米×1230 毫米　　　1/32　　印张：9　　插页：4 页
版次：2016 年 11 月第 1 版　　　2016 年 11 月第 1 次印刷
字数：214 千字

定价：46.00 元